LA SCIENCE

DU BONHOMME RICHARD.

A V I S.

On a joint à cette petite Piece :

L'*Interrogatoire que M. Franklin subit au mois de Février* 1766, *devant le Parlement d'Angleterre.*

La *Constitution de la République de Pensylvanie, telle qu'elle a été établie par la Commission générale de Philadelphie, au mois de Juillet* 1776.

L'*Interrogatoire de M. Penn à la Barre du Parlement, au mois de Novembre de la même année.*

LA SCIENCE

DU BONHOMME RICHARD,

OU

MOYEN FACILE

DE PAYER LES IMPÔTS.

TRADUIT DE L'ANGLOIS.

A PHILADELPHIE.

Et se trouve

A PARIS, chez RUAULT, Libraire
rue de la Harpe.

1777.

LA SCIENCE
DU BONHOMME RICHARD.*

J'ai ouï dire que rien né fait autant de
plaiſir à un Auteur, que de voir ſes ouvrages
cités avec vénération par d'autres ſavans
Écrivains. Il m'eſt rarement arrivé de jouir
de ce plaiſir. Car, quoique je puiſſe dire,
ſans vanité, que depuis un quart de ſiecle,
je me ſuis fait annuellement un nom diſtin-
gué parmi les Auteurs d'Almanachs, il ne
m'eſt gueres arrivé de voir que les Ecri-
vains, mes conferes dans le même genre,
daignaſſent m'honorer dè quelques éloges,
ou qu'aucun autre Auteur fît la moindre
mention de moi; de ſorte que, ſans le
petit profit effectif que j'ai fait ſur mes

---

* Faiſeur d'Almanachs très-connu dans une autre
partie du Monde.

productions, la disette d'applaudissement m'auroit totalement découragé.

J'ai conclu à la fin que le meilleur juge de mon mérite étoit le Peuple, puisqu'il achetoit mon Almanach, d'autant plus qu'en me répandant dans le monde, sans être connu, j'ai souvent entendu répéter quelqu'un de mes adages par celui-ci ou celui-là, en ajoutant toujours à la fin : « com-» me dit le bonhomme Richard. » Cela m'a fait quelque plaisir, & m'a prouvé que non-seulement on faisoit cas de mes leçons, mais qu'on avoit encore quelque respect pour mon autorité, & j'avoue que, pour encourager d'autant plus le monde à se rappeller mes maximes & à les répéter, il m'est arrivé quelquefois de me citer moi-même du ton le plus grave.

Jugez d'après cela combien je dus être content d'une aventure que je vais vous rapporter. Je m'arrêtai l'autre jour à cheval dans un endroit où il y avoit beaucoup de monde assemblé pour une vente qu'on y faisoit. L'heure n'étant pas encore venue, la compagnie causoit sur la dureté des tems, & quelqu'un s'adressant à un personnage en cheveux blancs, & assez bien mis, lui dit : « & vous, père Abraham, que » pensez-vous de ce tems-ci ? N'êtes-vous

» pas d'avis que la pesanteur des imposi-
» tions finira par détruire ce pays-ci de
» fond en comble? Car, comment faire
» pour les payer? Quel parti voudriez-
» vous qu'on prît là-dessus? » Le pere
Abraham fut quelque-tems à réfléchir, &
répliqua : si vous voulez savoir ma façon
de penser, je vais vous la dire en peu de
mots : " car, pour l'homme bien avisé, il
» ne faut que peu de paroles. Ce n'est pas
» la quantité de mots qui remplit le bois-
» feau : » comme dit le bonhomme Richard. Tout le monde se réunit pour enga-
ger le pere Abraham à parler, & l'assemblée s'étant approchée en cercle autour de
lui, il tint le discours suivant : Mes chers
amis & bons voisins, il est certain que les
impositions sont très-lourdes, cependant,
si nous n'avions à payer que celles que le
Gouvernement nous demande, nous pour-
rions espérer d'y faire face plus aisément ;
mais nous en avons une quantité d'autres
beaucoup plus onéreuses : par exemple,
notre paresse nous prend deux fois autant
que le Gouvernement, notre orgueil trois
fois, & notre inconsidération quatre fois
autant encore. Ces taxes sont d'une telle
nature, qu'il n'est pas possible aux Commissaires de diminuer leur poids, ni de

A 4

nous en délivrer ; cependant il y a quelque chose à espérer pour nous, si nous voulons suivre un bon conseil ; « car , comme dit le » bonhomme Richard dans son Almanach » de 1733, Dieu dit à l'homme : aide- » toi, je t'aiderai ».

S'il y avoit un Gouvernement qui obligeât les Sujets à donner régulierement la dixiéme partie de leur tems pour son service, on trouveroit assurément cette condition fort dure ; mais la plûpart d'entre nous sont taxés, par leur paresse, d'une maniere beaucoup plus tyrannique. Car, si vous comptez le tems que vous passez dans une oisiveté absolue, c'est-à-dire, où à ne rien faire, ou dans des dissipations qui ne menent à rien, vous trouverez que je dis vrai. L'oisiveté amene avec elle des incommodités, & raccourcit sensiblement la durée de la vie. « L'oisiveté , comme dit » le bonhomme Richard, ressemble à la » rouille, elle use beaucoup plus que le » travail : la clef dont on se sert est toujours claire ». Mais, si vous aimez la vie, comme dit encore le bonhomme Richard, « ne dissipez pas le tems, car la vie » en est faite. » Combien de tems ne donnons-nous pas au sommeil au-delà de ce que nous devrions naturellement lui don-

ner ? Nous oublions que « le renard qui
dort ne prend point de poules, » & que
nous aurons affez de tems à dormir quand
nous ferons dans le cercueil. Si le tems eft
le plus précieux des biens, « la perte du
» tems, comme dit le bonhomme Richard,
» doit être auffi la plus grande des prodi-
» galités; puifque, comme il le dit encore,
» le tems perdu ne fe retrouve jamais, &
» que ce que nous appellons affez de tems,
» fe trouve toujours trop court. » Courage
donc, & agiffons pendant que nous le pou-
vons. Moyennant l'activité, nous ferons
beaucoup plus avec moins de peine. « L'oi-
» fiveté, comme dit le bonhomme Ri-
» chard, rend tout difficile; l'induftrie
» rend tout aifé ; celui qui fe leve tard,
» s'agite tout le jour, & commence à peine
» fes affaires qu'il eft déjà nuit. La pareffe
» va fi lentement, comme dit le bonhom-
» me Richard, que la pauvreté l'atteint
» tout d'un coup; pouffez vos affaires,
» comme il dit encore, & que ce ne foit
» pas elles qui vous pouffent. Se coucher
» de bonne-heure & fe lever matin font les
» deux meilleurs moyens de conferver fa
» fanté, fa fortune & fon jugement ».

Que fignifient les efpérances & les vœux
que nous formons pour des tems plus heu-

reux ? Nous rendrons le tems bon en fortant de nous-mêmes. « L'induſtrie, comme
» dit le bonhomme Richard, n'a pas befoin
» de fouhaits. Celui qui vit fur l'efpérance
» court rifque de mourir de faim : il n'y a
» point de profit fans peine. » Il faut me
fervir de mes mains, puifque je n'ai point
de terres ; fi j'en ai, elles font fortement
impofées, & , comme le bonhomme Richard l'obferve avec raifon, « un métier
» vaut un fonds de terre, une profeſſion eſt
» un emploi qui réunit toujours pour vous
» l'honneur & le profit. » Mais il faut travailler à fon métier & foutenir fa réputation, autrement, ni le fonds, ni le magafin,
ne nous aideront pas à payer nos impôts.
» Quiconque eſt induſtrieux, dit le bonhomme Richard, n'a point à craindre la
» difette. » La faim regarde à la porte de
l'homme laborieux, mais elle n'ofe pas y
entrer. Elle eſt également refpectée des
Commiſſaires & des Huiſſiers ; car, comme dit le bonhomme Richard, « l'induſ-
» trie paie les dettes, & le défefpoir les
» augmente. » Il n'eſt pas néceſſaire que
vous trouviez des tréfors, ni que de riches
parens vous faſſent leur légataire. « La vi-
» gilance, comme dit le bonhomme Richard, eſt la mere de la profpérité, &

» Dieu ne refuſe rien à l'induſtrie. » La-
bourez pendant que le pareſſeux dort, vous
aurez du bled à vendre & à garder. Labou-
rez pendant tous les inſtans qui s'appellent
aujourd'hui, car vous ne pouvez pas ſavoir
tous les obſtacles que vous rencontrerez le
lendemain. C'eſt ce qui fait dire au bonhomme Richard : « un bon aujourd'hui
» vaut mieux que deux demain. Et encore :
» avez-vous quelque choſe à faire pour
» demain? Faites-la aujourd'hui. » Si vous
étiez le domeſtique d'un bon maître, ne
ſeriez-vous pas honteux qu'il vous appel-
lât pareſſeux? Mais vous êtes votre propre
maître. « Rougiſſez donc, comme dit le
» bonhomme Richard, d'avoir à vous re-
» procher la pareſſe. » Vous avez tant à
faire pour vous-même, pour votre famille,
pour votre Patrie, pour votre Souverain :
levez-vous donc dès le point du jour ; que
le ſoleil, en regardant la terre, ne puiſſe
pas dire : « voilà un lâche qui ſommeille. »
Point de remiſes, mettez-vous à l'ouvrage,
endurciſſez vos mains à manier vos outils,
& ſouvenez-vous, comme dit le bonhomme Richard, « qu'un chat en mitaines ne
» prend point de ſouris. » Vous me direz
qu'il y a beaucoup à faire, & que vous n'a-
vez pas la force. Cela peut être ; mais ayez

la volonté & la persévérance, & vous ver-
rez des merveilles. Car, comme dit le
bonhomme Richard dans son Almanach,
je ne me souviens pas bien dans quelle
année : « l'eau qui tombe constamment
» goutte à goutte, parvient à consumer la
» pierre. » Avec du travail & de la pa-
tience une souris coupe un cable, & de
petits coups répétés abattent de grands
chênes.

Il me semble entendre quelqu'un de
vous me dire : « est-ce qu'il ne faut pas
» prendre quelques instans de loisir » ?
Je vous répondrai, mes amis, ce que dit le
bonhomme Richard : « employez bien
» votre tems, si vous voulez mériter le
» repos, & ne perdez pas une heure, puis-
» que vous n'êtes pas sûrs d'une minute ».
Le loisir est un tems qu'on peut employer
à quelque chose d'utile. Il n'y a que l'homme vigilant qui puisse se procurer cette
espèce de loisir auquel le paresseux ne parvient jamais. « La vie tranquille, com-
» me dit le bonhomme Richard, & la vie
oisive, sont deux choses fort différentes ».
Croyez-vous que la paresse vous procurera
plus d'agrément que le travail ? Vous avez
tort. Car, comme dit encore le bonhomme Richard, « la paresse engendre les sou-

» cis, & le loifir fans néceffité produit des
» peines fâcheufes. Bien des gens vou-
» droient vivre, fans travailler, par leur
» feul efprit; mais ils échouent faute de
» fonds ». L'induftrie au contraire amene toujours l'agrément, l'abondance &
la confidération. Le plaifir court après ceux
qui le fuient. La fileufe vigilante ne man-
que jamais de chemife. « Depuis que
» j'ai un troupeau & une vache, chacun
» me donne le bonjour, comme le dit
» très-bien le bonhomme Richard ».

Mais indépendamment de l'induftrie, il
faut encore avoir de la conftance, de la
réfolution & des foins. Il faut voir fes
affaires avec fes propres yeux, & ne pas
trop fe confier aux autres. Car, comme
dit le bonhomme Richard, « je n'ai ja-
» mais vu un arbre qu'on change fouvent
» de place, ni une famille qui déménage
» fouvent, profpérer autant que d'autres
» qui font ftables ». Trois déménagemens
font le même tort qu'un incendie. Il vaut
autant jetter l'arbre au feu, que le changer de place. Gardez votre boutique, &
votre boutique vous gardera. Si vous voulez faire votre affaire, allez-y vous même.
Si vous voulez qu'elle ne foit pas faite,
envoyez-y; pour que le Laboureur prof-

pere, il faut qu'il conduise sa charrue, ou qu'il la tire lui-même. L'œil d'un maître fait plus que ses deux mains. Le défaut de soins fait plus de tort que le défaut de savoir. Ne point surveiller les journaliers est la même chose que livrer sa bourse à leur discrétion. Le trop de confiance dans les autres est la ruine de bien des gens. Car, comme dit l'Almanach, « dans les » affaires du monde, ce n'est pas par la » foi qu'on se sauve, c'est en n'en ayant » pas ». Les soins qu'on prend pour soi-même sont toujours profitables. Car, comme dit le bonhomme Richard, « le savoir » est pour l'homme studieux, & les riches- » ses pour l'homme vigilant ; comme la » puissance pour la bravoure, & le ciel » pour la vertu ». Si vous voulez avoir un serviteur fidele & que vous aimiez, comment ferez-vous ? Servez-vous vous même. Le bonhomme Richard conseille la cir- conspection & le soin par rapport aux ob- jets même de la plus petite importance, parce qu'il arrive souvent qu'une légere négligence produit un grand mal. « Faute » d'un clou, dit-il, le fer d'un cheval se » perd ; faute d'un fer, on perd le cheval ; » & faute d'un cheval, le cavalier lui- » même est perdu, parce que son ennemi

» l'atteint & le tue, & le tout pour n'a-
» voir pas fait attention à un clou au fer
» de sa monture ».

C'en est assez, mes amis, sur l'industrie
& sur l'attention que nous devons donner
à nos propres affaires ; mais après cela
nous devons avoir encore la tempérance,
si nous voulons assurer les succès de notre
industrie. Si un homme ne sait pas épar-
gner en même tems qu'il gagne, il mourra
sans avoir un sol, après avoir été toute sa
vie collé sur son ouvrage. « Plus la cuisine
» est grasse, dit le bonhomme Richard,
» plus le testament est maigre ». Bien des
fortunes se dissipent en même tems qu'on
les gagne, depuis que les femmes ont négli-
gé les quenouilles & le tricot pour la table
à thé, & que les hommes ont quitté pour
le punch la hache & le marteau. « Si vous
» voulez être riche, dit-il, dans un autre
» Almanach, n'apprenez pas seulement
» comment on gagne, sachez aussi com-
» ment on ménage ». Les Indes n'ont pas
enrichi les Espagnols, parce que leurs dépenses ont été plus considérables que leurs
profits.

Renoncez donc à vos folies dispendieu-
ses, & vous aurez moins à vous plaindre
de l'ingratitude des tems, de la dureté des

impofitions, & de l'entretien onéreux de vos groffes maifons. Car, comme dit le bonhomme Richard, « le vin, les fem- » mes, le jeu & la mauvaife foi diminuent » la fortune & multiplient les befoins ». Il en coute plus cher pour maintenir un vice, que pour élever deux enfans. Vous penfez peut-être qu'un peu de thé, quelques taffes de punch de fois à autre, quelques délicateffes pour la table, quelques recherches de plus dans les habits, & quelques amufemens de tems en tems, ne peuvent pas être d'une grande importance; mais fouvenez-vous de ce que dit le bonhomme Richard : « un peu répété plufieurs fois fait beaucoup » Soyez en garde contre les petites dépenfes. Il ne faut qu'une légere voie d'eau pour fubmerger un grand vaiffeau. La délicateffe du goût conduit à la mendicité. Les fous donnent les feftins, & les fages les mangent.

Vous voilà tous affemblés ici pour une vente de curiofité & de brinborions précieux. Vous appellez cela des biens ; mais, fi vous n'y prenez garde, il en réfultera de grands maux pour quelques-uns de vous. Vous comptez que ces objets fe vendront bon marché, c'eft-à-dire, moins qu'ils n'ont couté ; mais s'ils ne vous font pas

réellement néceſſaires, ils ſeront toujours
beaucoup trop chers pour vous. Reſſouve-
nez-vous encore de ce que dit le bonhomme Richard : « Si tu achetes ce qui eſt ſu-
» perflu pour toi, tu ne tarderas pas à
» vendre ce qui t'eſt le plus néceſſaire ».
Fais toujours réflexion avant de profiter
d'un bon marché. Le bonhomme penſe
peut-être que ſouvent un bon marché n'eſt
qu'illuſoire, & qu'en vous gênant dans vos
affaires, il vous cauſe plus de tort qu'il ne
vous fait de profit. Car je me ſouviens
qu'il dit ailleurs : « j'ai vu quantité de gens
» ruinés pour avoir fait de bons marchés.
» C'eſt une folie, dit encore le bon-
» homme Richard, d'employer ſon argent
» à acheter un repentir ». C'eſt cependant ce qu'on fait tous les jours dans
les ventes, faute d'avoir lu l'Almanach.
« L'homme ſage, dit encore le bon-
» homme Richard, s'inſtruit par les
» malheurs d'autrui ». Les fous devien-
nent rarement plus ſages par leur propre
malheur : *felix quem faciunt aliena pericula
cautum.* Je ſais tel qui, pour orner ſes
épaules, a fait jeûner ſon ventre, & a
preſque réduit ſa famille à ſe paſſer de
pain. « Les étoffes de ſoie, les ſatins, les
» écarlates & les velours, comme dit le

» bonhomme Richard, refroidiſſent la cui-
» ſine ». Loin d'être des beſoins de la vie,
on peut à peine les regarder comme des
commodités. L'on n'eſt tenté de les avoir,
qu'à cauſe de l'éclat de leur apparence.
C'eſt ainſi que les beſoins artificiels du
genre humain ſont devenus plus nombreux
que les beſoins naturels. « Pour une per-
» ſonne réellement pauvre, dit le bon-
» homme Richard, il y a cent indigens ».
Par ces extravagances & autres ſembla-
bles, les gens bien nés ſont réduits à la
pauvreté, & ſont forcés d'avoir recours
à ceux qu'ils mépriſoient auparavant, mais
qui ont ſu ſe maintenir par l'induſtrie &
la tempérance. C'eſt ce qui prouve « qu'un
» manant ſur ſes pieds, comme le dit
» fort bien le bonhomme Richard, eſt plus
» grand qu'un Gentilhomme à genoux ».
Peut-être ceux qui ſe plaignent le plus,
avoient-ils hérité d'une fortune honnête ;
mais, ſans connoître les moyens par leſ-
quels elle avoit été acquiſe, ils ſe ſont
dit : « il eſt jour, & il ne fera jamais
» nuit ». Une ſi petite dépenſe ſur une
fortune comme la mienne ne mérite pas
qu'on y faſſe attention. Mais dans le fond
« les enfans & les fous, comme le dit
» très-bien le bonhomme Richard, ima-

» ginent que vingt francs & vingt ans ne
» peuvent jamais finir ». Mais à force de
toujours prendre à la huche, sans y rien
mettre, on vient bientôt à trouver le fond;
& alors, comme dit le bonhomme Richard, « quand le puits est sec, on con-
» noît la valeur de l'eau ». Mais c'est ce
qu'ils auroient su d'abord, s'ils avoient
voulu le consulter. Etes-vous curieux, mes
amis, de connoître ce que vaut l'argent?
Allez & essayez d'en emprunter à quelqu'un; celui qui veut faire un emprunt,
doit s'attendre à une mortification. Il en
arrive autant à ceux qui prêtent à certaines gens, quand ils vont redemander leur
dû. Mais ce n'est pas là notre question.
Le bonhomme Richard, à propos de ce
que je disois d'abord, nous prévient pru-
demment que l'orgueil de la parure est un
travers funeste. Avant de consulter votre
fantaisie, consultez votre bourse. L'orgueil
est un mendiant qui crie aussi haut que le
besoin, mais qui est infiniment plus insa-
tiable. Si vous avez acheté une jolie chose,
il vous en faudra dix autres encore, afin
que l'assortiment soit complet; car, comme
dit le bonhomme Richard, « il est plus
» aisé de réprimer la premiere fantaisie,
» que de satisfaire toutes celles qui vien-

» nent enſuite ». Il eſt auſſi fou au pauvre
de vouloir être le ſinge du riche, qu'il
l'étoit à la grenouille de s'enfler pour devenir l'égale du bœuf. Les gros vaiſſeaux
peuvent riſquer davantage ; mais il ne faut
pas que les petits bateaux s'éloignent jamais du rivage. Les folies de cette eſpece
ſont bientôt punies ; car, comme dit le
bonhomme Richard, « la gloire qui dîne
» de l'orgueil, fait ſon ſouper du mépris ».
Et le bonhomme dit encore ailleurs : « la
» gloire déjeune avec l'abondance, dîne
» avec la pauvreté, & ſoupe avec la honte ».
Que revient-il au reſte de cette vanité de
paroître pour laquelle on ſe donne tant
de peines, & l'on s'expoſe à de ſi grands
chagrins ? Cela ne peut ni nous conſerver
la ſanté, ni nous guérir de nos maladies.
Au contraire, ſans augmenter le mérite
perſonnel, cela fait naître l'envie, & pré-
cipite la ruine des fortunes. Qu'eſt-ce qu'un
papillon ? Ce n'eſt tout au plus qu'une
chenille habillée, & voilà ce qu'eſt le petit maître. Comme dit encore le bonhomme Richard, « quelle folie n'eſt-ce pas
» que de s'endetter pour de telles ſuper-
» fluités ! » Dans cette vente-ci, mes amis,
on nous offre ſix mois de crédit, & peut-
être eſt-ce l'avantage de cette condition

qui a engagé quelqu'un d'entre nous à s'y trouver, parce que, n'ayant point d'argent comptant à dépenser, nous trouverons ici la facilité de satisfaire notre fantaisie sans rien débourser. Mais pensez-vous bien à ce que vous faites, lorsque vous vous endettez ? Vous donnez des droits à un autre homme sur votre liberté. Si vous ne payez pas au terme fixé, vous serez honteux de voir votre créancier, vous serez dans l'appréhension en lui parlant : vous vous abaisserez à des excuses pitoyablement motivées ; peu à peu vous perdrez votre franchise, & vous viendrez enfin à vous déshonorer par les menteries les plus évidentes & les plus méprisables. Car, comme dit le bonhomme Richard, « la » premiere faute est de s'endetter, la se- » conde est de mentir ». Le faiseur de dettes a toujours le mensonge en croupe. Un Anglois né libre ne devroit jamais rougir ni appréhender de parler à quelque homme vivant que ce soit, ni de le regarder en face. La pauvreté n'est que trop capable d'anéantir le courage & toutes les vertus de l'homme. « Il est difficile, dit le bon- » homme Richard, qu'un sac vuide puisse » se ténir debout ». Que penseriez - vous d'un Prince ou d'un Gouvernement qui vous défendroit, par un Édit, de vous habiller comme les personnes de distinction, sous peine de prison ou de servitude? Ne diriez-vous pas que vous êtes nés libres, que vous avez le droit de vous habiller comme bon vous semble, qu'un tel Édit seroit un attentat formel contre vos privileges, & qu'un tel Gouvernement seroit tyrannique? Et cependant vous vous soumettez vous-mêmes à cette tyrannie, quand vous vous endettez par la fantaisie de paroître. Votre créancier a le droit, si bon lui semble, de vous priver de votre liberté, en vous confinant pour toute votre vie dans une prison, ou en vous vendant comme esclave, si vous n'êtes pas en état de le payer. Quand vous avez fait le marché qui vous plaît, il peut arriver que vous ne songiez gueres au paiement; mais les créanciers, comme dit le bonhomme Richard, « ont meilleure mémoire que les » débiteurs. Les créanciers, dit-il encore, » sont la secte du monde la plus superstitieuse. Il n'y a pas d'observateurs plus » exacts qu'eux de toutes les époques du » calendrier ». Le tems roule autour de vous, sans que vous y fassiez attention, & l'on vient former la demande, avant que vous ayez formé le moin-

dré préparatif pour y satisfaire. Si vous
songez, au contraire, à votre dette,
le terme, qui paroissoit d'abord si long,
vous semblera extrêmement court, lorsqu'il s'approchera. Il semble que le tems
ait des aîles aux talons, comme il en a aux
épaules. « Le Carême est bien court, dit
» le bonhomme Richard, pour ceux qui
»doivent payer à Pâques.» L'emprunteur
& le débiteur sont deux esclaves, l'un
du prêteur, l'autre du créancier ; ayez hor-
reur de cette chaîne. Conservez votre liberté & votre indépendance; soyez indus-
trieux & libres ; soyez modestes & libres ;
mais peut-être pensez-vous en ce moment
être dans un état d'opulence qui vous permet de satisfaire quelque fantaisie sans
risquer de vous faire tort. Mais épargnez
pour le temps de la vieillesse & du besoin,
pendant que vous le pouvez ; «le Soleil du
» matin ne dure pas tout le jour, comme
» dit le bonhomme Richard». Le gain est
incertain & passager ; mais la dépense sera
toujours continuelle & certaine. Il est plus
» aisé de bâtir deux cheminées, que d'en
» tenir une chaude, comme dit le bon-
» homme Richard ; ainsi allez plutôt vous
» coucher sans souper, que de vous lever
» avec des dettes ». Gagnez ce qu'il vous

est possible, & sachez ménager ce que vous avez gagné. C'est le véritable secret de changer votre plomb en or. Il est bien sûr que, quand vous posséderez cette pierre philosophale, vous ne vous plaindrez pas de la rigueur des tems, & de la difficulté à payer les impôts. Cette doctrine, mes amis, est celle de la raison & de la prudence. N'allez pas cependant vous confier uniquement à votre industrie, à votre vigilance & à votre économie. Ce sont d'excellentes choses à la vérité, mais elles vous seront tout-à-fait inutiles, si vous n'avez, avant tout, les bénédictions du Ciel. Demandez donc humblement ces bénédictions ; ne soyez point insensibles aux besoins de ceux à qui elles sont refusées ; mais donnez-leur des consolations & des secours. Souvenez-vous que Job fut pauvre, & qu'ensuite il redevint heureux.

Je n'en dirai pas davantage. L'expérience tient une école où les leçons coûtent cher ; mais c'est la seule où les insensés puissent s'instruire ; encore n'apprennent-ils pas grand chose : car, comme le dit le bon-homme Richard, « on peut donner un bon » avis, mais non pas la bonne conduite ». Ressouvenez-vous donc que celui qui ne

fait

fait pas recevoir un bon conseil, ne peut pas non plus être secouru d'une maniere utile ; car, comme dit le bonhomme Richard, «Si vous ne voulez pas écouter la » raison, elle ne manquera pas de se faire » sentir ».

Le vieux Abraham finit ainsi sa harangue. Le peuple écoutoit son discours ; on approuva ses maximes ; mais on ne manqua pas de faire sur le champ le contraire précisément, comme il arrive aux sermons ordinaires : car, la vente ayant commencé, chacun acheta, de la maniere la plus extravagante, nonobstant toutes les remontrances du Sermoneur & les craintes qu'avoit l'Assemblée de ne pouvoir pas payer les taxes. Les fréquentes mentions qu'il avoit faites de moi auroient été ennuyeuses pour tout autre ; mais ma vanité en fut merveilleusement flattée, quoique je fusse bien sûr que de toute la philosophie qu'on m'attribuoit, il n'y avoit pas la dixieme partie qui m'appartînt, & que je n'eusse recueilli en glanant, d'après le bon sens de tous les siecles & de toutes les nations. Quoiqu'il en soit, je résolus de me corriger, d'après la répétition que j'en entendis faire, &, quoique je me fusse arrêté dans la résolution d'acheter de quoi me faire un habit neuf, je me déterminai ensuite à faire durer le vieux. Lecteur, si vous pouvez faire de même, vous y gagnerez autant que moi.

RICHARD SAUNDERS.

INTERROGATOIRE

DE M. FRANKLIN

Devant la Chambre des Communes.

Nous croyons que le Lecteur nous saura gré de rapporter ici en entier l'Interrogatoire que M. Franklin de Philadelphie subit au mois de Février 1766 devant la Chambre des Communes, lorsqu'il fut question de la révocation de l'Acte du Timbre. Nous nous servirons de la traduction des Auteurs des Éphémérides du Citoyen. Cette piece est très-importante pour quiconque veut connoître la constitution des Colonies Angloises, leurs forces & leur commerce. Elle fait honneur à M. Franklin, qui sans être préparé, répondit à toutes les questions qui lui furent faites, avec une netteté, une précision & une noblesse dont on trouve peu d'exemples.

Question. Comment vous nommez-vous & d'où êtes-vous?

Réponse. Je m'appelle Franklin, * je suis habitant de Philadelphie.

Question. Les Amériquains paient-ils entr'eux des taxes considérables?

Réponse. Certainement, beaucoup, & de très-fortes.

Question. Quelles sont celles qui sont maintenant établies en Pensylvanie par autorité de la Colonie?

Réponse. Il y en a sur les biens-fonds & sur les mobiliers; il y a une capitation; un impôt sur les offices, sur les professions, sur le commerce, sur toutes les entreprises, à raison du profit. Il y a en outre une excise sur les vins, sur le rhum, & sur toutes les liqueurs spiritueuses; un droit de dix livres sur l'entrée de chaque Négre, & quelques autres charges encore.

Question. A quoi est destiné le produit de ces impositions?

Réponse. A soutenir les établissemens civils & militaires, qu'on a faits dans ce pays, & à acquitter les dettes onéreuses qu'on a contractées pendant la derniere guerre.

Question. Combien de tems ces impositions doivent-elles durer.

---

* M. Franklin est né à Boston, capitale de la Nou-velle-Angleterre, le 17 Janvier 1706.

Réponse. Celles qu'on destine au rem-
boursement des sommes empruntées, doivent durer jusqu'en 1772, & plus long-
tems, si leur objet n'est point encore rempli ; les autres sont à perpétuité.

Question. N'espéroit-on pas qu'avant ce
tems-là, les dettes seroient acquittées ?

Réponse. On s'en flattoit, lorsque la
paix fut signée avec la France & l'Espagne ;
mais la guerre qu'on a faire depuis aux
Indiens, a occasionné un nouvel emprunt ;
& par une nouvelle loi, la durée de l'impôt, tel qu'il subsistoit, a été prorogée.

Question. Les peuples ne sont-ils pas
fort en état de supporter ces charges ?

Réponse. Non ; les Provinces frontieres
tout le long du Continent, ayant été souvent ravagées par l'ennemi, & fort appauvries, ne peuvent payer qu'une taxe très-
modique, aussi nos derniers réglemens ont
eu égard à leurs malheurs ; ils favorisent
expressément ces Contrées, & soulagent
ceux qui ont souffert. Je présume que les
autres gouvernemens ont fait de même.

Question. N'êtes-vous pas intéressé dans
la régie des Postes de l'Amérique ?

Réponse. Oui, je suis Directeur général,
& en second de toutes celles de l'Amérique septentrionale.

Question. Ne regardez-vous pas comme très-possible de distribuer le papier timbré par la Poste, à tous les habitans, si l'on n'y mettoit point d'opposition ?

Réponse. Les Postes ne vont que le long des côtes ; il y en a très-peu qui avancent dans l'intérieur du pays. Si on vouloit les y établir, le surplus de dépense que cela causeroit, surpasseroit souvent de beaucoup le produit du timbre.

Question. Par le moyen de la Poste, pourriez-vous distribuer le papier timbré dans le Canada ?

Réponse. Il n'y a point de Poste qu'entre Montréal & Québec ; les habitans de cette vaste contrée sont si épars, si éloignés les uns des autres, qu'il ne peut y avoir de Postes parmi eux. Il est impossible que le papier timbré leur parvienne par ce moyen. Le même inconvénient a lieu pour les Colonies qui sont le long des frontieres ; elles sont peu considérables, & ne s'avoisinent pas davantage.

Question. Les habitations étant en petit nombre, & éloignées les unes des autres, croyez-vous que l'Acte du Timbre puisse avoir de grands inconvéniens pour ceux qui y résident, si l'on en maintenoit l'exécution ?

Réponse. On peut en être sûr : car la plupart des habitans ne pourroient se pourvoir des papiers timbrés, dans les cas où ils en auroient besoin, sans entreprendre de longs voyages, & dépenser peut-être trois ou quatre livres sterlings pour six sols qu'il en reviendroit à la Couronne.

Question. Dans leur situation actuelle, les Colonies ne sont-elles pas très-en état de payer le droit de timbre ?

Réponse. Je ne crois pas qu'il y ait assez d'or & d'argent dans les Colonies pour payer le droit de timbre pendant un an.

Question. Ne savez-vous pas que le produit de ce droit ne devoit pas sortir de l'Amérique ?

Réponse. Je sais que par l'Acte, il étoit destiné au service Amériquain. Mais il auroit été dépensé dans les Colonies nouvellement acquises, où l'on entretient des troupes, & non dans celles où l'impôt auroit été levé.

Question. N'y a-t-il pas une balance de commerce, qui des nouvelles Colonies où sont les troupes, feroit repasser cet argent dans les anciennes ?

Réponse. Je ne le pense pas. Je crois qu'il en repasseroit très-peu, & je ne sais point de comerce qui puisse nous le ramener. Je suis persuadé que la plus grande partie de ces sommes iroit, des Colonies où elles auroient été dépensées, directement en Angleterre.

Question. Combien pensez-vous qu'il y a d'habitans blancs en Pensylvanie ?

Réponse. Environ cent soixante mille.

Question. Dans ce nombre, combien de Quakers ?

Réponse. Peut-être un tiers.

Question. Combien d'Allemands ?

Réponse. Peut-être bien un autre tiers; cependant je n'en suis pas absolument certain.

Question. Parmi ces Allemands y en a-t-il qui aient servi en Europe ?

Réponse. Oui, beaucoup ont porté les armes, & en Amérique & en Europe.

Question. Sont-ils aussi mécontens de l'imposition du timbre que les Anglois ?

Réponse. Oui, beaucoup plus, & avec raison : car dans bien des cas, le fardeau seroit double pour eux.

Question. Combien y a-t-il d'hommes blancs dans toute l'Amérique septentrionale ?

Réponse. Environ trois cens mille, entre seize ans & soixante.

Question. Dans quelle proportion la

population s'est-elle accrue' en Amérique t

Réponse. Je pense que l'un portan l'autre, elle y double en vingt-cinq ans. Mais les demandes aux Manufactures Angloises augmentent en plus haute proportion, la consommation ne suivant pas exactement l'accroissement de la population, & devenant plus forte à raison des moyens. En 1723, l'importation de la Grande-Bretagne en Pensylvanie, montoit en tout à environ 15,000 sterling, aujourd'hui elle est presque d'un demi-million sterling.

Question. Quélle est la cause, selon vous, pour laquelle la population augmente plus promptement en Amérique qu'en Angleterre ?

Réponse. Parce qu'on s'y marie plus jeune & plus généralement.

Question. Pourquoi cela ?

Réponse. Parce que deux jeunes gens laborieux obtiennent aisément un fonds de terre, avec lequel ils peuvent élever leur famille.

Question. Le bas peuple n'est-il pas plus à son aise en Amérique qu'en Angleterre ?

Réponse. Il peut l'être ; du moins s'il est sobre & laborieux, puisque son travail est mieux payé.

Question. Vous avez dit que les Pensylvaniens étoient chargés d'impôts onéreux : combien paient-ils bien pour livre de leurs revenus ?

Réponse. Les impôts sur les biens-fonds & mobiliers vont, tout compté, à 18 den. pour livre ; tous les autres, ainsi que les taxes sur les profits de commerce & d'industrie, peuvent aller, je pense, jusqu'à deux sols & demi pour livre.

Question. Les taxes de la Pensylvanie ne sont-elles pas réparties avec inégalité ? N'at-on pas sur-tout forcé celles qui sont imposées sur le négoce & l'industrie, afin de charger le commerce d'Angleterre ?

Réponse. Ces taxes ne sont pas plus onéreuses, proportion gardée, que celles qu'on a mises sur les terres : par-tout on a voulu, on n'a prétendu percevoir qu'à raison du profit.

Question. Quelle classe de citoyens compose l'assemblée ? Sont-ce des Commerçans ou des Propriétaires ?

Réponse. Ce sont des Propriétaires, des Commerçans & des Artisans.

Question. Les Propriétaires ne font-ils pas le plus grand nombre ?

Réponse. Je pense que oui.

Question. Ne font-ils pas tout ce qu'ils peuvent pour décharger les biens fonds de l'impôt, & pour furcharger de plus en plus le commerce?

Réponfe. Jamais je n'ai ouï dire qu'on eût ce deffein. Au refte, une telle entreprife répondroit mal à ce qu'on en auroit attendu. Le Marchand, la plume à la main, s'occupe fans relâche à calculer. Si l'on furcharge fon commerce, auffi-tôt il augmente dans la même proportion le prix de fes denrées; & les Confommateurs qui font principalement les Propriétaires, fe trouvent chargés du tout, ou au moins de la plus grande partie de l'augmentation.

Queftion. A quoi fe monte dans votre Province la capitation d'un homme qui n'eft point marié?

Réponfe. C'eft, je crois, quinze fchelings pour tout homme libre qui a atteint l'âge de vingt-un an.

Queftion. A quoi fe montent actuellement toutes les taxes de la Penfylvanie?

Réponfe. Je les eftime à environ 20,000 livres fterling.

Queftion. Quelle étoit la difpofition de l'Amérique à l'égard de l'Angleterre avant 1763?

Réponfe. On ne peut pas meilleure. Les Amériquains, à une entiere foumiffion aux volontés du Roi, joignoient un profond

respect pour le Parlement. L'autorité de
ses Actes étoit reconnue dans tous les Tribunaux. Quelque nombreuse que soit la
population dans les anciennes Colonies, il
ne vous en coutoit rien en forts, en cita-
delles, en garnisons, en troupes pour les
contenir. Vous n'aviez besoin pour les
gouverner que d'un peu de plumes, d'en-
cre & de papier : un simple fil vous suffi-
soit pour les conduire. Ils étoient pénétrés,
non-seulement de respect, mais encore
d'amour pour la Grande-Bretagne ; pour
ses loix, pour ses usages & ses manieres ;
ils adoptoient ses modes avec passion ; &
ce n'étoit pas une petite branche de vôtre
commerce. Ils traitoient les Anglois avec
des égards particuliers ; & être originaire
de la Grande-Bretagne étoit un titre honorable, & donnoit de la considération parmi
nous.

Question. Quelle est maintenant leur
disposition ?

Réponse. Oh ! elle est bien changée.

Question. Comment les Amériquains re-
gardoient-ils le Parlement ?

Réponse. Comme le plus ferme appui &
le rempart le plus assuré de leur liberté &
de leurs priviléges. Ils n'en parloient jamais qu'avec le plus grand respect & la

plus grande vénération. S'il leur venoit en
pensée que des Ministres arbitraires pouvoient quelque jour essayer de les oppri-
mer, ils se consoloient par l'assurance
qu'ils avoient que le Parlement entendroit
leurs plaintes & les défendroit. Ils se res-
souvenoient avec une tendre reconnoissance
d'une preuve signalée qu'ils en avoient
eue ; on avoit opposé au Parlement un
Bill avec cette clause, *que les instructions
royales auroient force de loi dans les Colonies ; la Chambre des Communes n'y con-
sentit pas*, & la chose ne fut point exé-
cutée.

Question. Et n'ont-ils pas toujours le
même respect pour le Parlement?

Réponse. Non : il est beaucoup diminué.

Question. A quoi cela doit-il s'attribuer?

Réponse. Plusieurs choses y ont con-
couru : les restrictions dont on vient d'em-
barrasser leur commerce, & par lesquelles
on a détourné des Colonies l'argent de
l'étranger ; la défense qu'on leur a faite de
se servir entr'eux de papier monnoyé ; la
demande d'un nouvel impôt, & d'un impôt onéreux, du droit de timbre ; l'abolition des jugemens par les Jurés, qui sur-
vint dans le même tems : enfin le refus de

recevoir & d'entendre leurs humbles re-préſentations.

Queſtion. Avez-vous ouï parler de quel-ques obſtacles mis nouvellement au com-merce d'Eſpagne?

Réponſe. Oui ; j'ai ouï dire qu'il étoit fort gêné par quelques nouveaux Régle-mens, auſſi-bien que par les vaiſſeaux de guerre, & les Gardes-Côtes Anglois poſtés tout le long des côtes de l'Amérique.

Queſtion. Vous ſemble-t-il juſte que l'A-mérique ſoit protégée par l'Angleterre, ſans qu'elle entre, pour rien dans les frais ?

Réponſe. Les Colonies ne ſont pas dans ce cas-là. Elles ont levé, habillé & ſoudoyé à leurs dépens près de 25,000 hommes pendant la derniere guerre, & il leur en a coûté pluſieurs millions.

Queſtion. N'avez-vous point été rem-bourſés par le Parlement ?

Réponſe. On ne nous a rembourſé que ce qu'on a imaginé outre-paſſer notre part de la contribution ; ou plutôt on ne nous a rendu que le ſurplus de ce qu'on penſoit pouvoir raiſonnablement exiger de nous. Ce fut peu en comparaiſon de notre dé-penſe. La Penſylvanie, par exemple, avoit débourſé environ 500,000 l., & les remiſes qu'on lui fit ne monterent pas à 60,000 liv.

Queſtion. Ne croyez-vous pas que les Colonies ſe ſoumettroient à l'Acte du Timbre s'il étoit modifié, & ſi après lui avoir ôté ce qu'il y a de plus onéreux, il étoit réduit à quelques articles de peu de conſéquence?

Réponſe. Non; jamais elles ne s'y ſoumettront.

Queſtion. Que penſeriez-vous d'une nouvelle impoſition établie dans les mêmes principes que celle du timbre? Comment les Amériquains la recevroient-ils?

Réponſe. Préciſément comme ils ont reçu l'autre: ils ne la paieroient point.

Queſtion. Ne ſavez-vous pas que cette Chambre & la Chambre des Pairs, ont décidé que le Parlement avoit le droit d'impoſer des taxes en Amérique?

Réponſe. Oui; j'ai entendu parler de cette déciſion.

Queſtion. Qu'en penſeront les Amériquains?

Réponſe. Ils la regarderont comme injuſte & contraire à la conſtitution du gouvernement.

Queſtion. Avant 1763, les Amériquains penſoient-ils déjà que le Parlement n'eût pas le droit de faire des loix, & d'établir des taxes & des impôts dans leur pays?

Réponse. Je n'ai jamais entendu contester son droit d'établir des taxes relatives à des réglemens de commerce. J'ai toujours vu convenir de l'autorité des loix qu'il faisoit. Mais, quant au droit d'imposer sur nous des taxes internes, jamais on n'a supposé qu'il lui appartînt, puisque nous n'y avions pas des Représentans.

Question. Sur quoi vous persuadez-vous que le peuple d'Amérique ait fait cette distinction ?

Réponse. Sur ce que dans toutes le conversations où j'ai été présent, il m'a paru qu'on convenoit généralement que nous ne pouvions être taxés, dans un Parlement où nous n'étions pas représentés. Mais on n'y a jamais contesté le paiement des droits imposés par Acte du Parlement comme réglemens de commerce.

Question. Pourriez-vous citer un arrêté de quelques-unes de vos Assemblées, ou un acte public où l'on ait fait cette distinction ?

Réponse. Je ne crois pas qu'il y en ait aucun, & il me semble que nous n'eûmes jamais occasion de faire un tel Acte, jusqu'au jour que vous avez entrepris de nous taxer. C'est cette entreprise qui a fait établir, dans un acte public, cette distinction, qui a eu pour elle, non-seulement le suffrage unanime de toutes les Assemblées du Continent ; mais encore celui de tous les Membres dont elles étoient composées.

Question. Qu'est-ce qui a donc pu avant ce temps donner occasion de discuter cette matiere dans les conversations ?

Réponse. Un propos qu'on tint en 1754, & qui, je pense, venoit d'ici, en étoit cause. On disoit que dans le cas d'une guerre dont on parloit alors, les Gouverneurs des Colonies s'assembleroient, qu'ils ordonneroient des levées de troupes, des constructions de forts, & qu'ils prendroient toutes les mesures convenables pour la défense commune ; que les sommes nécessaires pour cela seroient prises ici sur le trésor, & que leur montant seroit levé ensuite sur les Colonies, par le moyen d'une taxe générale imposée par ordre du Parlement. Cette nouvelle devint bientôt le sujet de toutes les conversations ; il n'y avoit qu'un sentiment, c'étoit que la justice & la nature du Gouvernement Anglois ne permettoit pas que nous fussions imposés par le Parlement, jusqu'à ce que nous y fussions duement représentés.

Question. Ne savez-vous ce qui s'est passé

il y a quelque-tems dans la nouvelle Yorck ? L'Assemblée refusoit ou négligeoit de lever les sommes nécessaires pour l'entretien du Gouvernement civil : on mit en délibération, & on proposa de s'adresser au Parlement pour l'imposition des taxes qui devoient suppléer le *déficit* que cela avoit occasionné.

Réponse. C'est un fait qui n'est jamais venu à ma connoissance.

Question. La chose y fut mise en délibération, & imaginez-vous que l'on pût supposer à la Nouvelle-Yorck, que ce droit du Parlement d'imposer des contributions en Amérique, n'étoit que local, & restreint au cas d'un *déficit* dans une Colonie particuliere ? On ne prétendoit pas sans doute que le Parlement ne pût l'exercer, que sur le refus que feroit l'Assemblée de lever les subsides nécessaires ?

Réponse. Il est impossible qu'une Assemblée quelconque refuse de lever les contributions nécessaires au maintien de son propre Gouvernement. Il faudroit qu'elle n'eût pas le sens commun ; ce qu'on me permettra de croire destitué de vraisemblance. Je ne puis imaginer qu'il soit jamais arrivé rien de semblable dans la

Nouvelle-Yorck ; ou l'on vous a mal re-
préfenté le fait, ou on l'avoit mal vu. Je
fais que fur quelques mémoires du Mi-
niftere de la Grande-Bretagne, on voulut
obliger les Affemblées à arrêter une fomme
fixe pour les appointemens du Gouverneur,
ce qu'elles refuferent fagement : mais je
ne crois pas que jamais Affemblée, ni dans
la Nouvelle-Yorck, ni dans aucune autre
Colonie, ait refufé de contribuer convenablement par des fommes accordées de
tems à autre aux Officiers publics.

Queftion. Mais fi un Gouveneur, fur
des inftructions qu'il auroit reçues, con-
voquoit une Affemblée, & qu'on y refufât
de lever les fubfides néceffaires, ne feroit-
il pas de l'intérêt de la Colonie, auffi-
bien que de celui du Gouvernement, que
le Parlement fît l'impofition de fa propre
autorité ?

Réponfe. Je penfe que dans ce cas-là
même, la chofe ne feroit point néceffaire ;
fi une Affemblée étoit affez inconféquente
pour refufer une chofe auffi raifonnable,
elle ne demeureroit pas long-tems dans
fon opiniâtreté ; les défordres & la confu-
fion qu'elle occafionneroit, l'auroient bientôt mife à la raifon.

Queftion. Si cependant cela n'arrivoit

pas, ne feroit-ce pas à la Grande-Bretagne qu'appartiendroit le droit d'y remédier?

Réponfe. Je n'ai rien à dire contre un droit dont on ne fe ferviroit qu'en pareil cas: pourvu toutefois qu'on ne le fît que pour le bien du peuple de la Colonie.

Queftion. Mais à qui appartient-il d'en juger, de la Grande-Bretagne ou de la Colonie?

Réponfe. Perfonne n'en peut juger auffi-bien que ceux qui auroient à en fentir l'avantage ou l'inconvénient.

Queftion. Vous dites que les Colonies fe font toujours foumifes aux taxes externes, & qu'elles ne conteftent au Parlement que le droit d'en impofer d'internes: pourriez-vous maintenant nous montrer qu'il y ait entre ces deux fortes d'impôts quelque différence par rapport aux Colonies?

Réponfe. Je penfe qu'il y a une très-grande différence : une taxe externe eft un droit impofé fur les marchandifes qu'on nous apporte, on l'ajoute à la valeur de la chofe & aux autres frais qui l'accompagnent; elle devient ainfi une partie du prix. Si la marchandife ne convient pas à l'acheteur à ce prix, il ne la prend point, & il n'eft pas obligé de payer l'impôt. La chofe n'eft pas ainfi dans le cas d'une taxe interne ; c'est une somme qu'on arrache au peuple malgré lui , si elle n'a pas été imposée par ses propres Représentans. Le timbre, par exemple , ne nous permet aucun acte de commerce , aucun échange entre nous, il nous empêche de réclamer aucun droit, de poursuivre le paiement d'aucune dette, de nous marier, de tester , si préalablement nous n'avons payé telle ou telle somme ; c'est vouloir nous arracher notre argent de force , ou avoir résolu notre perte , si nous refusons de le donner.

Question. Mais une taxe imposée sur les denrées qu'on vous porte aux Colonies, & dont vous ne pouvez vous passer , n'auroit-elle pas le même effet qu'une taxe interne ?

Réponse. Je ne sais pas un seul article de toute l'importation faite dans nos Colonies, que nous ne soyons en état de fabriquer chez nous , ou dont nous ne puissions nous passer.

Question. Ne pensez - vous pas que les draps d'Angleterre vous sont absolument nécessaires ?

Réponse. Aucunement : avec une bonne économie les habitans des Colonies y auroient bientôt suppléé.

Question. Ne faudroit - il pas du tems pour établir des Manufactures , & en attendant n'auroient - ils pas beaucoup à souffrir ?

Réponse. Je crois que non ; ils ont déjà fait des progrès surprenans ; & je suis persuadé qu'avant que les habits qu'ils portent soient usés, ils seront venus à bout de s'en procurer d'autres de leur propre fabrique.

Question. Pourront-ils trouver une quantité suffisante de laine dans l'Amérique septentrionale ?

Réponse. Ils ont pris des mesures pour en accroître la quantité ; ils sont convenus généralement entr'eux de ne plus manger d'agneaux, & en effet on en tua fort peu l'an dernier. S'ils continuent, dans peu la quantité de laine sera accrue prodigieusement. Au reste, comme ils n'ont pas l'intention d'en faire une branche du commerce extérieur, ils n'auront pas besoin d'établir de grandes manufactures, telles qu'on en voit dans vos villes fabricantes. Chaque famille, sans sortir de la maison, pourra filer & fabriquer les étoffes à son usage.

Question. Croyez-vous que dans l'espace d'un ou deux ans, ils auront assez de laine & de manufactures pour fournir à à leurs besoins ?

Réponse. Je crois que trois ans suffiront.

Question. La rigueur des hivers dans les Colonies septentrionales, ne nuira-t-elle pas à la bonne qualité de la laine?

Réponse. Non : elle y est belle & fort bonne.

Question. Ne savez-vous pas que dans les Colonies plus méridionales, telles que la Virginie, la laine est rude, & n'est même qu'une espece de crin?

Réponse. Je ne sais point cela ; je n'en ai jamais entendu parler; cependant j'ai été quelquefois dans la Virginie. Je ne puis pas dire que j'aie fait une attention particuliere à la laine. Je crois qu'elle y est bonne, quoique je ne puisse en parler positivement. Au reste, la Virginie & les Colonies plus méridionales ont moins besoin de laine, leurs hivers sont courts & peu rigoureux ; ils peuvent très-bien s'habiller le reste de l'année du lin & du coton que produit leur pays.

Question. N'est-on pas obligé dans les Colonies septentrionales de nourrir le bétail tout l'hiver ?

Réponse. Il y a quelques endroits où il faut le nourrir pendant une partie de cette saison.

Question. Si, sans toucher à ce que le

Parlement a décidé à l'égard de son droit, on révoquoit l'Acte du Timbre, croyez-vous que les Amériquains seroient satisfaits ?

Réponse. Je crois que la décision du droit les inquiéteroit peu, si l'on n'essayoit jamais de le faire valoir. Ils se regarde-roient alors probablement sur le même pied que l'Irlande ; ils savent que vous y avez les mêmes prétentions, mais que vous vous en tenez-là. Ils penseroient que vous tiendriez la même conduite à leur égard, si ce n'est dans des occasions bien extraordinaires.

Question. Mais à qui est-ce de juger de ces occasions, n'est-ce pas au Parlement ?

Réponse. Quoique ce soit à lui à en juger, les habitans des Colonies se flatte-ront au moins qu'il n'exercera jamais ce droit, sans avoir admis leurs Représen-tans, & qu'il ordonnera qu'on en envoie si l'occasion survient.

Question. N'avez-vous pas ouï dire que dans le courant de la dernière guerre les habitans du Maryland avoient refusé leur part de la contribution pour la défense commune ?

Réponse. On a donné un mauvais tour à ce qui s'est passé en Maryland. Ce que j'en sais, c'est que jamais on n'y a refusé

de

de contribuer ou d'accorder des subsides à la Couronne ; chaque année de la guerre, les Assemblées opinerent à fournir des sommes considérables, & formerent des Bills pour les lever. Suivant l'usage de cette Province, les Bills furent envoyés au Conseil ou Chambre Haute, afin que d'un commun consentement ils fussent présentés au Gouverneur, pour être ensuite enregistrés & obtenir force de loi. Malheureusement il s'éleva des contestations entre les deux Chambres, qui empêcherent ce consentement ; & faute de cette condition essentielle, tous les Bills, excepté un ou deux, ne purent avoir d'effet : le Conseil des Propriétaires de la Colonie les rejetta. Ceux du Maryland, il est vrai, ne fournirent point leur part de la contribution ; mais ce n'est point au peuple qu'il faut s'en prendre ; c'est la faute de ceux qui étoient chargés de l'administration.

Question. Ne parla-t-on pas dans les autres Provinces, de s'adresser au Parlement pour les obliger à contribuer ?

Réponse. J'ai bien entendu tenir ce propos ; mais comme il étoit bien connu que le peuple n'étoit nullement blâmable, le projet ne fut point exécuté, & l'on ne fit aucune démarche pour cela.

C

Question. Cela ne fut-il point proposé dans une Assemblée publique ?

Réponse. Jamais, que je sache.

Question. Vous souvenez-vous d'un Acte de l'Assemblée, qui abolit le cours des papiers monnoies dans la Nouvelle-Angleterre ?

Réponse. Je me souviens de son abolissement dans la Baie de Massachussett.

Question. Le Vice-Gouverneur Hutchinson, ne contribua-t-il pas à faire passer cet Acte ?

Réponse. Je l'ai ouï dire ainsi.

Question. Cette loi ne fut-elle pas alors regardée comme très-contraire à l'intérêt du peuple des Colonies ?

Réponse. Je pense qu'elle devoit l'être. Cependant je ne puis rien assurer sur cet article, parce que j'étois fort éloigné de cette Province.

Question. La rareté des espèces d'or & d'argent, n'étoit-elle pas une des raisons qu'on alléguoit contre l'abolition des papiers ?

Réponse. Je crois que oui.

Question. Est-on toujours dans les mêmes sentimens, & cette loi paroît-elle aujourd'hui aussi désavantageuse qu'alors ?

Réponse. Je crois que non.

Question. N'a-t-on pas envoyé quelquefois aux Gouverneurs des instructions très-
expressives & contraires à la saine politique ?

Réponse. Oui.

Question. Cela n'a-t-il pas fait que quelques Gouverneurs ont passé par-dessus &
ne les ont point suivies ?

Réponse. Je l'ai ouï dire ainsi.

Question. Les Amériquains disputerent-
ils au Parlement, qui s'opposoit à l'op-
pression, le droit de régler le commerce ?

Réponse. Non.

Question. Comment recevroient-ils des
réglemens intérieurs, joints à une taxe ?

Réponse. Je pense qu'ils s'y opposeroient.

Question. Leur intention est donc de
ne se soumettre à aucun réglement joint
à un impôt ?

Réponse. Leur sentiment est, que si
l'Etat a besoin de subsides, on doit, suivant l'usage établi de tout tems, les demander à leurs Assemblées, qui les accor-
deront librement, comme elles l'ont toujours fait. Ils disent que leur argent ne
doit point être donné sans leur consentement, par des gens qui, vivant loin d'eux,
ne sont nullement instruits de leur situa-

tion & de leurs facultés. Accorder des subsides à l'Etat, est le seul moyen qu'ils aient de faire éclater leur zele aux yeux de leur Souverain. Il est donc cruel pour eux, il est injuste, qu'un corps, où ils n'ont point de Représentans, leur arrache ce mérite, & s'en fasse un d'accorder ce qui ne lui appartient pas, & qu'il les prive, par-là, du plus beau de leurs droits, d'un droit qu'ils estiment d'autant plus, que c'est sur lui que sont appuyés tous les autres.

Question. Mais l'établissement des Postes qu'ils ont admis depuis long-tems, n'est-il pas une taxe en même tems qu'un réglement?

Réponse. Non, le prix qu'on paie pour le port d'une lettre, n'est point de la nature des taxes; ce n'est proprement qu'une rétribution, pour un service rendu. Comme on peut ne point accepter ce service, il n'y a pas d'obligation véritable de payer. On est libre encore, ainsi qu'avant l'établissement des Postes, d'envoyer ses lettres par ses gens, par un exprès, par le moyen de ses amis, si cela paroît plus commode ou plus sûr?

Question. Ne regardent-ils pas au moins comme une taxe, les réglemens faits l'an passé touchant les Postes?

Réponse. Par ces réglemens, le port des lettres a baissé de trente pour cent dans toute l'Amérique : ils font bien loin de regarder cela comme une taxe.

Question. Si le Parlement imposoit une excife fur une efpece de matiere confommable, dont les Amériquains pourroient éviter le paiement par la non-confommation, ne fouffriroit - elle pas de difficultés ?

Réponse. Ils s'y oppoferoient à coup sûr : car une excife n'eft point une rétribution pour un fervice rendu, c'eft une impofition, c'eft une portion de leurs biens qui doit leur être demandée, & qu'on ne peut obtenir que d'eux ; de quel droit en difpoferoient des gens auxquels ils n'ont point donné leur procuration ?

Question. Vous dites qu'ils ne conteftoient pas au Parlement le pouvoir d'impofer des droits fur l'importation, trouvez-vous donc quelque différence entre des droits fur les denrées importées, & une excife fur leur confommation ?

Réponse. Il y en a une très-confidérable par les raifons que j'ai déjà rapportées ; ils prétendent que vous n'avez aucun droit de faire des impofitions dans l'intérieur de leur pays. Mais ils favent que la mer est à vous , que vous en maintenez la sûreté par vos flottes , que vous la purgez de pirates. Vous pouvez donc avoir un droit naturel & équitable de percevoir sur les marchandises qu'on transporte à travers cette partie de vos domaines , des droits qui vous dédommagent des frais auxquels cela vous oblige.

Question. Ce raisonnement ne prouveroit-il pas aussi qu'on pourroit mettre un impôt sur l'exportation des productions de leurs terres ? Un tel impôt n'éprouveroit - il de leur part aucune contradiction ?

Réponse. S'il renchérissoit les denrées au point d'en diminuer les demandes, soyez sûrs qu'ils s'y opposeroient ; non pas précisément pour vous contester le droit de régler le commerce , mais pour se plaindre de l'usage que vous en feriez, comme d'un fardeau qu'ils vous demanderoient d'alléger.

Question. Le droit qu'on paie sur l'exportation du tabac , n'est-il pas dans ce genre ?

Réponse. On n'en paie, ce me semble, que sur le tabac qu'on transporte le long des côtes d'une Colonie à l'autre , encore est - ce un fonds destiné à l'entretien du

Collége de Williamsbourg, dans la Virginie.

Question. Les Aſſemblées des Colonies des Indes occidentales n'ont-elles pas les mêmes droits naturels que celles du nord de l'Amérique ?

Réponſe. Oui, ſans doute.

Question. Et n'a-t-on pas impoſé des taxes ſur l'exportation de leur ſucre ?

Réponſe. J'ai peu de connoiſſance des affaires de ce pays. Il me ſemble cependant que le droit de quatre & demi pour cent, qu'ils paient ſur les ſucres qu'ils font ſortir, fut accordé par leurs propres Aſſemblées.

Question. Si l'on ne révoque point l'Acte du Timbre, que penſez-vous qu'il en arrivera ?

Réponſe. Les Amériquains perdront entiérement le reſpect & l'amour qu'ils ont pour l'Angleterre ; & bientôt vous verriez ſe détruire tout le commerce qui eſt fondé ſur ces ſentimens.

Question. Comment le commerce peut-il en ſouffrir ?

Réponſe. En ce que bientôt ils ne prendront preſque plus rien de vos manufactures ?

Question. Leur eſt-il poſſible de s'en paſſer ?

Réponse. Les marchandises qu'ils tirent de l'Angleterre sont ou d'une grande utilité, ou de pure commodité, ou des superfluités. Dans le premier rang sont les draps, &c. qu'ils peuvent se procurer sans sortir de chez eux : ils se passeront facilement de ce qui ne leur est que commode, jusqu'à ce qu'ils aient des moyens de s'en pourvoir dans leur propre pays : & quant au superflu, qui est la branche principale du commerce, ils y renonceront absolument. Telle chose qu'on recherchoit avec empressement, parce qu'elle étoit de mode dans un pays respecté, sera détestée & rejettée avec indignation par la raison contraire. On a déjà banni, d'un commun consentement, l'usage des ajustemens dont on se servoit dans les deuils ; & on en a renvoyé pour plusieurs milliers de livres sterling, parce qu'on n'en trouvoit pas de débit.

Question. Est-il de l'intérêt des Américains de fabriquer leurs draps chez eux ?

Réponse. Je pense que, pour le présent, ceux qui voudroient les avoir d'aussi belle qualité, auroient meilleur marché de les tirer d'Angleterre. Mais si l'on pèse d'un autre côté les obstacles dont leur commerce est embarrassé, & les difficultés qu'ils ont de faire leurs remises, il est de leur intérêt de tout fabriquer.

Question. Pensez-vous qu'ils pousseroient la mauvaise humeur jusqu'à payer aussi cher de méchantes & grossieres étoffes, fabriquées dans leur pays, & en faire usage préférablement à celles qui sont de meilleure qualité?

Réponse. Oui, je le pense ainsi. Les peuples paieront aussi volontiers pour satisfaire une passion que l'autre, leur ressentiment que leur vanité.

Question. Les habitans de Bolton consentiroient - ils à discontinuer leur commerce?

Réponse. Les Commerçans forment un corps peu nombreux en comparaison du reste du peuple. Il faudra bien qu'ils cessent leur commerce, quand on ne prendra plus de leurs marchandises.

Question. Qui est-ce qui forme le corps du peuple dans les Colonies?

Réponse. Ce sont les Fermiers & les Propriétaires, ou les Planteurs.

Question. Laisseroient-ils corrompre les productions de leurs terres?

Réponse. Non, ils fabriqueroient plus & laboureroient moins.

Question. Voudroient-ils vivre sans aucune administration de justice en matiere civile, & s'exposer aux inconvéniens d'une telle situation pendant un tems considérable, plutôt que d'employer des papiers timbrés ; supposé que la distribution en fût protégée par une force suffisante, pour qu'ils pussent se les procurer par-tout ?

Réponse. Je crois impraticable de protéger le papier timbré, de maniere que tout le monde puisse s'en procurer par-tout. L'Acte porte qu'il y aura des Sous-Distributeurs appointés dans toutes les Provinces, Villes, Districts & Villages ; & cela seroit en effet nécessaire. Mais les principaux Distributeurs qui imaginoient en retirer un profit considérable, se sont bientôt apperçus que cela ne valoit pas la peine de continuer, & je crois qu'il seroit impossible de trouver des Sous-Distributeurs, capables de répondre, qui voulussent, pour un mince profit, encourir la haine du peuple, & s'exposer au danger que leur attireroit cet emploi ; & quand on pourroit en trouver, il me paroît impraticable de protéger les papiers timbrés dans tant de lieux si éloignés les uns des autres.

Question. Mais au moins dans des lieux où il pourra être protégé, le peuple n'aimera-t-il pas mieux en faire usage, que de demeurer dans un état où il ne pourra défendre ses droits, ni poursuivre légalement le recouvrement d'aucune dette ?

Réponse. Il seroit difficile de dire ce qu'il feroit ; je ne puis juger de ce que les autres penseroient & feroient, que par ce que je ressens en moi-même. Il m'est dû des sommes considérables en Amérique, & j'aimerois mieux renoncer pour jamais au droit d'en poursuivre le paiement juridiquement, que de me soumettre à l'Acte du Timbre : ce deviendroient des dettes d'honneur. Je crois donc que le peuple, ou demeureroit dans cette situation, ou tâcheroit de se procurer quelque moyen de s'en tirer ; par exemple, en convenant universellement de procéder dans les Cours de Justice avec du papier commun.

Question. Ne seroit-il pas possible de faire exécuter l'Acte du Timbre autrement qu'à main armée ?

Réponse. Je ne vois pas même comment des troupes pourroient être employées à le faire exécuter.

Question. Pourquoi ne le pourroient-elles pas ?

Réponse. Supposons que vous en fassiez

paſſer en Amérique, elles ne trouveront perſonne ſous les armes. Que feront-elles donc ? Elles ne pourront faire prendre des papiers timbrés à ceux qui ne voudront point s'en ſervir ; elles ne trouveront point de rébellion ; il eſt vrai qu'elles pour-roient en occaſionner.

Queſtion. De quel nombre de troupes croyez-vous que l'on eût beſoin pour pro-téger la diſtribution des papiers timbrés dans toute l'Amérique ?

Réponſe. Il faudroit ſans doute une très-grande armée ; je ne puis dire à quoi elle devroit aller, ſi l'Amérique ſe diſpoſoit à une réſiſtance générale.

Queſtion. Combien y a-t-il en Amérique d'hommes capables de porter les armes & de former une milice diſciplinée ?

Réponſe. Il doit y en avoir, ce me ſem-ble, au moins . . . .

On s'oppoſa à cette queſtion : M. Franklin ſe retira, il fut enſuite rappellé. Alors les interrogations prirent une tournure plus mo-dérée, & M. Franklin donna auſſi plus de développement dans ſes réponſes.

Queſtion. Le droit du Timbre en Amé-rique pourroit-il paſſer pour une taxe ré-partie avec égalité ?

Réponse. Je ne le crois pas.

Question. Pourquoi cela ?

Réponse. Parce que le plus fort du produit viendroit des procès intentés pour le recouvrement des dettes , & seroit conséquemment payé par le bas peuple, déjà trop pauvre pour satisfaire aisément à ce qu'il doit. Ce seroit donc une taxe onéreuse imposée sur les pauvres précisément parce qu'ils le sont.

Question. Cette augmentation de dépenses ne seroit-elle pas un moyen de diminuer le nombre des procès ?

Réponse. Je ne le crois pas ; car les frais tombant sur le Débiteur , cela ne dégoûteroit pas le Créancier d'en intenter.

Question. Si l'acte du Timbre est révoqué, les Amériquains ne croiront-ils pas pouvoir contraindre le Parlement à révoquer de même toute taxe externe maintenant en vigueur ?

Réponse. Il est difficile de répondre à des questions sur la façon de penser des gens, dans un si grand éloignement.

Question. Mais à quel motif croyez-vous qu'ils attribueront la révocation de cet Acte ?

Réponse. Je présume qu'ils jugeront que l'on a été convaincu de son peu de convenance. Ils espéreront même avec confiance que vous n'essaierez jamais d'imposer d'autres droits semblables, tandis que les mêmes inconvéniens subsisteront.

Question. Qu'entendez-vous par ce peu de convenance ?

Réponse. J'entends plusieurs choses ensemble : la pauvreté du peuple, qui n'est pas en état de payer la taxe ; le mécontentement général que l'Acte a causé, & l'impossibilité de nous contraindre à obéir.

Question. Si l'Acte du Timbre étoit révoqué, & que le Gouvernement témoignât son ressentiment à ceux qui s'y sont opposés ; pensez-vous que les Colonies acquiescassent en cela à l'autorité du Gouvernement ? & que croyez-vous qu'elles feroient ?

Réponse. Je ne doute aucunement que, si le Gouvernement révoquoit l'Acte du Timbre, les Colonies ne se soumissent à son autorité.

Question. Mais si le Gouvernement jugeoit à propos, pour mettre ses droits hors de toute contestation, d'imposer une taxe légere contraire à leur façon de penser, les Amériquains s'y soumettroient-ils ?

Réponse. On a examiné trop en gros les procédés des peuples de l'Amérique. Ceux des Assemblées ont été bien différens de ceux de la multitude, & doivent en être distingués, n'ayant aucun rapport ensemble.

Les Assemblées n'ont fait autre chose que de déterminer paisiblement ce qu'elles regardent comme leur droit : elles n'ont pris aucune mesure pour repousser vos prétentions par la force. Elles n'ont pas bâti un fort, pas levé un homme, pas fait la moindre provision pour se préparer à une telle opposition ; elles pensent que les chefs d'émeute doivent être punis, & elles les puniroient si elles le pouvoient. Tout homme sensé désirera leur punition, parce qu'autrement les gens pacifiques n'auroient aucune sûreté de leur personne, ni de leurs biens.

Quant à une taxe interne, quelque petite qu'elle soit, si elle est imposée sur les Amériquains, par le Parlement, tant qu'ils n'y auront point de Représentans, je pense qu'ils ne s'y soumettront pas, & qu'ils s'y opposeront jusqu'à la derniere extrêmité.

Il ne leur paroît point du tout nécessaire que vous leviez de l'argent sur eux, par vos taxes, puisqu'ils sont & qu'ils ont toujours été disposés à en fournir volontairement par des taxes qu'ils s'imposoient eux-mêmes ; ils ont donné & ils donneront encore des sommes considérables, toutes les fois qu'ils en seront requis de la part de Sa Majesté.

Ils ont contribué dans la derniere guerre, non-seulement selon leur proportion, mais même beaucoup au-delà de leurs moyens, &c. selon notre propre jugement, de plusieurs cent mille livres sterling, au-de-là de toute proportion avec le peuple d'Angleterre.

Ils ont accordé ces subsides extrêmes, librement & promptement sur une simple promesse du Secrétaire d'Etat, que l'on recommanderoit au Parlement de les en faire indemniser : ce qui a été exécuté, en effet, de la maniere la plus honorable pour eux.

On les a bien faussement & abusivement représentés dans vos papiers, dans vos feuilles périodiques, & dans vos discours publics, comme des gens ingrats, injustes & déraisonnables, qui avoient causé à la nation des dépenses excessives pour les défendre, & qui refusoient d'en payer les frais. Les Colonies ont levé, soudoyé & entretenu près de 25 000 hommes durant la derniere guerre ; nombre au moins égal, à celui des troupes que l'on envoyoit de la Grande-Bretagne, & bien supérieur à celui qu'ils devoient fournir pour leur part : elles ont contracté pour cela des dettes considérables, elles ont même été obligées d'hypothéquer pour long-tems leurs biens , & les impôts de leur pays , afin de les acquitter. Le Gouvernement parut alors sensible à leurs procédés : les Colonies furent recommandées au Parlement : chaque année le Roi envoya à la Chambre un message par écrit , dans lequel , après avoir témoigné combien il avoit lieu d'être satisfait du zèle & de la fidélité de ses sujets de l'Amérique septentrionale , aussi bien que du vif intérêt qu'ils avoient pris à la défense des droits & des possessions de la Couronne , il recommandoit à la Chambre de prendre les mêmes objets en considération, & de le mettre en état de les dédommager convenablement. Vous trouverez dans vos propres registres la note de ces messages pour chaque année de la derniere guerre. Vous accordâtes en conséquence une somme annuelle de 200,000 l. pour être distribuée en dédommagement dans les Colonies : c'est la plus forte de toutes les preuves que , loin d'avoir refusé de partager les contributions , elles ont fourni au-delà de leur proportion ; car si elles n'avoient pas atteint le terme de cette proportion, ou même qu'elles n'eussent payé précisément que leur part, il n'y auroit eu ni occasion, ni motif, pour leur accorder un tel dédommagement.

A la vérité, les sommes qui leur furent remboursées n'égalerent pas l'excès des dépenses qu'elles avoient faites ; mais elles n'en ont jamais murmuré : l'approbation que leur Souverain a donnée à leur zèle & à leur fidélité, & le suffrage de cette Chambre, leur ont paru beaucoup plus précieux que les plus grands dédommagemens.

Il n'étoit donc pas besoin de l'Acte du Timbre pour arracher de l'argent à un peuple qui en fournit de bon cœur ; il n'avoit point refusé d'en donner pour le besoin qui a occasionné l'Acte : on ne lui en avoit point demandé ; ils ont toujours été dans l'intention & la disposition de faire ce qu'on pourra exiger d'eux raisonnablement, & c'est sous ce point de vue qu'ils desirent d'être envisagés.

Question. Mais dans le cas où la Grande-Bretagne auroit à soutenir en Europe une guerre qui ne regarderoit nullement l'Amérique, les habitans de celle-ci contribueroient-ils aux frais ?

Réponse. Je crois qu'ils y contribueroient autant que leur situation le leur permettroit : ils se regardent comme faisant partie de l'Empire Britannique , comme ayant les mêmes intérêts ; on peut les regarder ici comme des étrangers , ils ne le croiront jamais : ils sont pleins de zèle pour l'honneur & la prospérité de cette nation ; & tant qu'on ne les maltraitera point , ils contribueront selon leur petit pouvoir , à maintenir l'un & l'autre.

En 1739 , on leur demanda de concourir à l'expédition contre Carthagène , & ils envoyerent 3000 hommes joindre votre armée : il est vrai que Carthagène est en Amérique , mais aussi éloignée des Colonies septentrionales , que si elle eût été en Europe ; ils ne mettent aucune différence entre les guerres que vous avez à soutenir , quant au secours qu'ils doivent vous porter.

Je sais qu'on pense ici , que la derniere guerre a été entreprise en considération & pour la défense des Colonies : je crois qu'on se méprend entierement. La guerre commença pour les limites de la Nouvelle Ecosse & du Canada , au sujet d'un territoire auquel le Roi prétendoit, à la vérité; mais qui n'étoit reclamé par aucune Colonie Angloise : aucune de ces terres n'avoit été accordée à aucun des Fondateurs des

Colonies : nous n'avions donc aucun intérêt particulier à cette difpute.

Vers l'Ohio, les conteftations commencerent à propos du droit de faire le commerce dans les terres des Indes, que vous fondiez fur le traité d'Utrecht & que les François vous conteftoient ; ils avoient faifi vos Trafiquans , & leurs marchandifes provenantes de vos manufacturés ; ils avoient pris un fort qu'une Compagnie de vos Marchands , leurs Facteurs & leurs Correfpondans y avoient bâti pour la fûreté de leur commerce. Braddock fut envoyé avec une armée pour reprendre ce fort , dont la prife étoit regardée ici comme une ufurpation , & pour protéger votre commerce. Ce ne fut qu'après la défaite de ce Général , que les Colonies furent attaquées ; auparavant elles étoient en pleine paix tant avec les François qu'avec les Indiens : ce ne fut donc pas pour leur défenfe qu'on envoya des troupes.

Le commerce avec les Indiens , quoique traité en Amérique , n'intéreffe point les Colonies ; les Amériquains font pour la plupart Fermiers & Planteurs ; à peine leurs productions fourniffent-elles un feul article au commerce des Indes ; ce commerce intéreffe uniquement l'Angleterre ; ce font vos manufactures qui le fournissent au profit de vos Marchands & de vos Fabriquans.

Vous voyez donc que cette guerre, commencée d'une part pour défendre le territoire de la Couronne, territoire qui n'appartient à aucun Amériquain ; & de l'autre part, pour la défense d'un commerce purement anglois, étoit réellement une guerre angloise. Cependant les Amériquains n'ont pas fait de difficultés d'en partager les frais, & d'employer les derniers efforts pour la conduire à un heureux succès.

Question. Pensez-vous donc que la défense des possessions territoriales du Roi, & la garde des frontieres n'intéressent point les Amériquains ?

Réponse. Non ; ce n'est point un intérêt exclusif pour les Amériquains, il leur est commun avec l'Anglois.

Question. Vous ne nierez pas au moins que la guerre précédente, celle qu'on eut avec l'Espagne, n'ait été entreprise en considération de l'Amérique. Ne fut-elle pas occasionnée par des prises faites sur vos côtes ?

Réponse. Oui : mais ces vaisseaux portoient des marchandises angloises, & faisoient le commerce anglois.

Question. La derniere guerre qu'on eut

avec les Indiens , après la paix faite avec la France, ne fut-elle pas entreprise pour l'Amérique uniquement?

Réponse. Oui, plus particulierement que la précédente : mais ce n'étoit qu'une suite & un reste de la premiere , la paix n'ayant pas été entierement faite avec les Indiens : d'ailleurs les Amériquains en firent la plus grande partie des frais. Elle fut terminée par le Général Bouquet , qui n'avoit pas dans son armée plus de trois cens Soldats de troupes réglées ; tandis qu'elle étoit composée de plus de mille Pensylvaniens.

Question. Les Amériquains n'ont-ils pas besoin qu'on leur envoie des troupes pour se défendre contre les Indiens ?

Réponse. Non, jamais cela n'a été nécessaire à aucuns égards; ils se sont défendus eux-mêmes lorsqu'ils n'étoient qu'une poignée de gens , & que les Indiens étoient beaucoup plus nombreux qu'ils ne sont : ils ont toujours gagné du terrein, & les ont repoussés jusqu'au-delà des montagnes, sans qu'il ait été besoin de leur envoyer des troupes pour les aider. Peut-on croire qu'il soit nécessaire de leur en envoyer pour les défendre contre ce reste de Sauvages affoiblis , aujourd'hui que la population s'est beaucoup accrue , & que les Colonies sont floriſſantes? Il n'y a pas le moindre prétexte pour leur donner du ſecours. Elles ſe défendront bien elles-mêmes.

Queſtion. Ne venez-vous pas de dire qu'il n'y eut que trois cens hommes de troupes réglées employés dans la derniere guerre contre les Indiens?

Réponſe. Il n'y en avoit pas davantage ſur l'Ohio, & ſur les frontieres de la Penſylvanie, qui étoient cependant le théâtre principal de la guerre qui pouvoit affecter les Colonies. Il y avoit donc des garniſons à Niagara, au fort du détroit & dans ces poſtes éloignés, dont la conſervation intéreſſe votre commerce : je ne les compte pas. Au reſte, je crois qu'à tout prendre, le nombre des Amériquains ſurpaſſoit celui des troupes réglées; je ne puis cependant l'aſſurer.

Queſtion. Si l'on révoquoit l'acte du timbre, & que l'on en paſſât un autre pour ordonner aux Aſſemblées d'indemniſer ceux qui ont ſouffert dans les émeutes, obéiroient-elles? Et ſuppoſé qu'elles le refuſaſſent, obéiroient-elles à une autre ordonnance par laquelle on impoſeroit pour les punir une taxe interne?

Réponſe. Le peuple ne paiera aucune taxe interne : quant à un acte pour ordonner aux Assemblées de donner des dédommagemens, je crois qu'il n'en est pas besoin; je suis persuadé qu'aussitôt que la chaleur sera amortie, ils prendront cette affaire en délibération. S'il paroît juste de le faire, ils le feront d'eux-mêmes..

Question. Les Bateliers ne sont-ils pas obligés par acte du Parlement de passer les postes sans recevoir de rétributions?

Réponse. Oui.

Question. Cela n'est-il point une taxe imposée sur eux?

Réponse. Ils ne pensent pas ainsi, parce qu'ils sont dédommagés par ceux qui voyagent en poste.

Question. Si on révoquoit l'acte du timbre, & que le Roi fît des demandes d'argent aux Colonies, les lui accorderoit-on?

Réponse. Je pense qu'oui.

Question. Quel sujet avez-vous de le croire?

Réponse. Je puis répondre pour la Colonie dont je suis Membre : les instructions que j'ai reçues de l'Assemblée, me chargeoient d'assurer le Ministre qu'ils s'étoient toujours fait, & qu'ils se feroient toujours un devoir de fournir au Roi des secours proportionnés à leurs moyens & à leur situation, pourvu qu'on les leur demandât

de

de la maniere accoutumée & fondée sur les loix. J'ai eu l'honneur de communiquer, à mon arrivée en Angleterre, il y a environ quinze mois, ces inſtructions à cet honorable gentilhomme, alors Miniſtre, lorſque l'on mit en délibération ſi l'on établiroit le droit du timbre en Amérique, & avant que l'acte fût porté.

Queſtion. Quelle eſt la maniere accoutumée & légitime de demander des ſubſides aux Colonies?

Réponſe. Une lettre du Secrétaire d'Etat.

Queſtion. Eſt-ce tout ce que vous voulez dire, qu'une lettre du Secrétaire d'Etat?

Réponſe. Je veux dire qu'ordinairement ces demandes ſe font par une lettre circulaire du Secrétaire d'Etat, écrite par ordre exprès de Sa Majeſté, dans laquelle on fait mention du ſujet qu'on a de demander des ſubſides, & on réquiert les Colonies d'en accorder de proportionnés aux moyens qu'elles ont de contribuer à leur attachement & à leur fidélité.

Queſtion. Le Secrétaire d'Etat a-t-il jamais écrit pour des octrois d'argent à la Couronne?

Reponſe. Il l'a fait pour des levées de ſoldats & pour l'entretien des troupes; ce qui ne peut ſe faire ſans argent.

D

Question. Les Amériquains accorderoient-is de l'argent uniquement, fi on leur en demandoit?

Réponfe. Je crois qu'ils accorderoient auffi volontiers de l'argent que des hommes, s'ils en avoient, ou qu'ils puffent en avoir.

Question. Toutes les fois qu'on a fait des demandes d'argent aux Colonies, n'ont-elles point été accordées au Roi?

Réponfe. Oui, toujours; mais généralement les actes de demandes expofoient l'efpece de fervice qui y donnoit lieu. C'étoit, par exemple, pour lever, pour entretenir des troupes, & jamais précisément pour avoir de l'argent.

Question. Dans le cas où le Roi demanderoit des fommes d'argent aux Colonies, accorderoient-elles ces fommes, fi le Parlement s'y oppofoit?

Réponfe. C'eft une grande queftion. Pour moi, il me femble que je pourrois les accorder, & que je les accorderois en effet, fi je les jugeois convenables.

Question. Croyez-vous que les Affemblées des Colonies aient le droit d'y lever des fommes fur le peuple pour les accorder au Roi?

Réponfe. Oui, fans doute, je le penfe; elles l'ont toujours fait.

Question. Ne connoissent-elles pas la déclaration des droits, & ne savent-elles pas que, par cette ordonnance, il est défendu de lever de l'argent sur les peuples qu'avec le consentement du Parlement.

Réponse. Elles connoissent parfaitement cette déclaration.

Question. Comment peuvent-elles donc s'imaginer qu'elles ont le droit de lever de l'argent pour la Couronne, ou pour tout autre objet qui ne soit pas purement local?

Réponse. Elles prétendent que cette clause ne regarde que les sujets habitans du Royaume; & que c'est de ceux-là qu'il est dit, *qu'on ne peut point lever d'argent sur eux, qu'avec le consentement du Parlement.* Les Colonies ne sont point supposées dans le Royaume; elles ont leurs Assemblées séparées, qui sont leur Parlement; & elles sont à cet égard dans le même cas que l'Irlande. Quand on veut lever de l'argent pour la Couronne, sur les Irlandois, ou sur les Colonies, c'est le Parlement d'Irlande, ou ce sont les Assemblées des Colonies qui doivent donner le consentement. Les Amériquains croient que ce consentement ne peut être donné proprement par le Parlement, jusqu'à ce qu'il ait admis leurs repréſentans ; *la pétition du droit*, dit en termes exprès : *par un commun conſentement donné en Parlement*. Or les Amériquains n'ont point de repréſentans dans le Parlement, dont le ſuffrage puiſſe faire partie de ce conſentement commun.

Queſtion. Avant que l'on ſongeât à l'acte du timbre, ſouhaitoient-ils avoir des repréſentans en Parlement ?

Réponſe. Non.

Queſtion. Ne ſavez-vous pas que dans la charte de la Penſylvanie, le droit qu'a le Parlement d'y impoſer des taxes, eſt expreſſément réſervé ?

Réponſe. Je ſais qu'il y a une clauſe dans la charte, par laquelle le Roi accorde qu'on ne levera aucune taxe ſur les habitans que par le conſentement des Aſſemblées, ou par un acte du Parlement.

Queſtion. Comment donc l'Aſſemblée peut-elle aſſurer que l'impoſition d'une taxe par l'acte du timbre ſoit une infraction de ſes droits ?

Réponſe. Voici comme elle l'entend. Dans la même charte & ailleurs, les Amériquains ſont confirmés dans tous les privileges & libertés des Anglois : or, ils trouvent d'ailleurs dans la grande charte, & dans la *pétition* & la *déclaration des droits*, qu'un des privileges des sujets de l'Angleterre, c'est de ne pouvoir être taxés sans leur *commun consentement* ; ils assurent donc, d'après les loix essentielles de leur établissement, que jamais le Parlement ne voudra ni ne pourra, en vertu de cette clause de leur charte, s'attribuer le droit de les taxer jusqu'à ce qu'il ait acquis qualité pour exercer ce droit, en admettant leurs représentans, dont le suffrage doit concourir à former le *commun consentement*.

Question. Y a-t-il quelques mots dans la charte qui justifie ce raisonnement?

Réponse. Tout le justifie : les privileges communs à tous les Anglois, exposés dans la *grande charte*, & la *pétition du droit*.

Question. Y a-t-il quelque chose dans la charte qui appuie la distinction entre l'impôt externe & interne?

Réponse. Rien que je sache.

Question. Les Amériquains ne pourroient-ils pas par de semblables interprétations contester au Parlement le droit d'imposer des taxes mêmes externes?

Réponse. Ils ne l'ont point encore fait : on a cherché à prouver ici par différens raisonnemens, & cela tout nouvellement, qu'il n'y avoit point de différence entre ces deux sortes d'impositions; & que si le gouvernement n'avoit pas le droit d'exiger l'une, il ne pouvoit pas non plus exiger l'autre. Les Amériquains ne pensent point encore ainsi ; peut-être qu'avec le tems la force de ces argumens pourra les convaincre.

Question. La délibération de l'Assemblée de Pensylvanie ne porte-t-elle pas qu'on ne peut y imposer aucune taxe ?

Réponse. Si elle dit ainsi, elle n'a entendu par-là que les taxes internes. Les mêmes mots ne sont pas toujours entendus de la même maniere ici & dans les Colonies. Par des taxes les Amériquains entendent des impositions internes ; par des droits ils entendent des péages ordinaires ; telle est l'idée qu'ils se sont formée de ces termes.

Question. N'avez-vous point vu les délibérations de l'Assemblée de la Baie de Massachusett ?

Réponse. Oui.

Question. Ne dit-elle pas que le Parlement ne peut imposer sur eux, ni taxe interne ni externe ?

Réponse. Je n'ai pas connoissance qu'elle l'ait fait, & je ne le crois pas.

Question. Si cette Colonie disoit, ni taxe, ni imposition, n'entendroit-elle pas que le

Parlement n'a le pouvoir d'impofer aucune contribution, de quelque nature qu'elle, foit?

Réponfe. J'imagine que par le mot d'impofition, elle n'entendroit point les droits impofés fur l'importation, comme réglemens du commerce.

Queftion. Que veulent dire les Colonies par leur diftinction entre les impofitions & les taxes?

Réponfe. Elles peuvent comprendre différentes chofes fous le nom d'impofitions; comme de faire marcher des hommes & des voitures, de loger des troupes chez les particuliers, & chofes femblables qui font dans le fait de grandes impofitions, fans être proprement des taxes.

Queftion. Chaque partie des Colonies eft-elle également en état de contribuer?

Réponfe. Non certainement : les frontieres ont été ravagées par l'ennemi, & font confidérablement appauvries : auffi a-t-on coutume de les favorifer dans nos loix fifcales.

Queftion. Pourrions-nous, auffi éoignés que nous le fommes, être Juges du degré de faveur que chacun mériteroit?

Réponfe. Le Parlement femble le fuppofer, en s'attribuant le droit d'impofer les Amériquains. Pour moi je ne crois pas que la chose soit possible.

Question. La révocation de l'acte du timbre suffira-t-elle pour décourager vos manufactures, & le peuple qui a déjà commencé, cessera-t-il alors de fabriquer?

Réponse. Je le pense du moins, pourvu cependant qu'en même tems on rende une entiere liberté au commerce, & qu'on facilite les moyens de faire les remises. J'ai vu différens exemples qui confirment ce que j'avance : dans l'avant derniere guerre le prix du tabac ayant baissé considérablement, & les récoltes étant diminuées, les habitans de la Virginie s'accorderent généralement à établir chez eux des manufactures particulieres. Ensuite le tabac étant revenu à meilleur prix, ils revinrent à l'usage des manufactures angloises : pareillement les moulins à foulon étoient presqu'abandonnés dans la derniere guerre de Pensylvanie, parce qu'on pouvoit facilement faire des remises pour les draps, & autres marchandises qu'on tiroit d'Angleterre.

Question. Si l'on révoquoit l'acte du timbre, cela engageroit-il les Assemblées Amériquaines à reconnoître le droit du Parlement, & à cesser les arrêtés qu'elles ont faits?

Réponse. Non, jamais.

Question. N'y a-t-il pas moyen de les y obliger?

Réponse. Je n'en sais rien : jamais ils ne le feront qu'ils n'y soient contraints par la force des armes.

Question. Y a-t-il une puissance sur la terre capable de les forcer à annuller ces délibérations?

Réponse. Nulle puissance, si grande qu'elle soit, ne sauroit forcer des hommes à changer d'opinion.

Retirez-vous.

Fin de l'Interrogatoire de M. Franklin.

CONSTITUTION

De la République de Pensylvanie, telle qu'elle a été établie par la Commission générale extraordinaire, élue à cet effet, & assemblée à Philadelphie, dans ses séances, commencées le 15 Juillet 1776, & continuées par des ajournemens successifs, jusqu'au 28 Septembre suivant.

Constitution de Pensylvanie.

LES objets de l'institution & du maintien de tout Gouvernement doivent être d'assurer l'existence du Corps politique de l'Etat, de le protéger, & de donner aux individus qui le composent, la faculté de jouir de leurs droits naturels, & des autres biens que l'Auteur de toute existence a répandus sur les hommes ; & toutes les fois que ces grands objets du Gouvernement ne sont pas remplis, le Peuple a le droit de le

changer par un acte de la volonté commune, & de prendre les mesures qui lui
paroissent nécessaires pour procurer sa sûreté & son bonheur.

Les Habitans de cette République s'étant
jusqu'à présent reconnus sujets du Roi de
la Grande-Bretagne, uniquement en considération de la protection qu'ils atten-
doient de lui; & ledit Roi ayant non-seulement retiré cette protection, mais ayant
commencé & continuant encore, par un
esprit de vengeance inexorable, à leur faire
la guerre la plus cruelle & la plus injuste,
dans laquelle il emploie non-seulement les
troupes de la Grande-Bretagne, mais encore
des Etrangers mercénaires, des Sauvages
& des Esclaves, pour parvenir au but qu'il
s'est proposé & qu'il avoue, de les réduire
à une entiere & honteuse soumission à la
domination despotique du Parlement Britannique; ayant en outre exercé contre
lesdits Habitans plusieurs autres actes de
tyrannie (qui ont été pleinement développés dans la déclaration du Congrès général), ce qui a rompu & anéanti tous les
liens de sujétion & de fidélité envers ledit
Roi & ses successeurs, & fait cesser dans
ces Colonies tous les pouvoirs & toutes les
autorités émanées de lui.

Comme il est absolument nécessaire pour le bien-être & la sûreté des Habitans desdites Colonies, qu'elles soient déformais des Etats libres & indépendans, & qu'il existe dans chacune de leur partie une forme de Gouvernement juste, permanente & convenable, dont l'autorité du peuple soit la source unique & l'unique fondement, conformément aux vues de l'honorable Congrès Amériquain :

Nous les Représentans des Hommes libres de Pensylvanie, assemblés extraordinairement & expressément, à l'effet de tracer un Gouvernement d'après les principes exposés ci-dessus : reconnoissant la bonté du Modérateur suprême de l'Univers (lui qui seul sait à quel degré de bonheur, sur la terre, le genre humain peut parvenir, en perfectionnant l'art du Gouvernement): reconnoissant la suprême bonté qu'il a de permettre que le Peuple de cet Etat se fasse de son propre & commun consentement, sans violence, & après en avoir mûrement délibéré, les loix qu'il jugera les plus justes & les meilleures pour gouverner sa future société ; pleinement convaincus que c'est pour nous un devoir indispensable d'établir les principes fondamentaux de Gouvernement les plus propres à procurer le bonheur général du peuple de cet Etat & de sa postérité, & à pourvoir aux améliorations futures, sans partialité & sans préjugé pour ou contre aucune classe, secte ou dénomination d'hommes particulieres, quelle qu'elle soit : en vertu de l'autorité dont nos constituans nous ont revêtus, nous ordonnons, déclarons, & établissons *la Déclaration de droits & le Plan de Gouvernement* suivant, pour être la *Constitution de cette République*, & pour y demeurer

---

Note d'un Amériquain.

On sera peut-être surpris de trouver une distinction d'*hommes libres* dans un pays où l'on croit que tous les hommes le sont. Il en existe encore en Amérique deux classes qui ne le sont pas.

L'une entiérement esclave, ce sont les nègres. A la vérité plusieurs & même la plus grande partie des Colonies ont toujours été opposées à leur importation, & souvent ont fait des loix pour l'empêcher ; mais comme le consentement de la Couronne étoit nécessaire pour la confirmation de ces loix, elles n'ont jamais pu être établies, le Roi les ayant toujours rejettées comme contraires aux intérêts de la Compagnie Angloise d'Afrique : aussi la défense d'importer ces malheureuses victimes de l'avarice Européenne a-t-elle été une des premieres opérations du Congrès général ; & l'on doit croire qu'il ne tardera pas à statuer sur le sort des nègres actuellement existans dans l'étendue des *Treize Etats unis* : car, quoique plusieurs Propriétaires en Pensylvanie leur aient donné la liberté, il en existe encore d'es-

en vigueur à jamais , fans altération ,
excepté dans les articles que l'expérience
démontrera par la fuite exiger des améliorations , & qui feront corrigés ou perfec-
tionnés en vertu de la fufdite autorité du
Peuple, par un corps de Délégués compofé

---

claves mêmes dans cette Colonie , & beaucoup dans
les Colonies Méridionales.

L'autre claffe d'*hommes non libres* ne gémit pas dans
l'efclavage ; mais elle eft privée de la liberté, dans
le fens politique de ce mot qui implique la part dans
le Gouvernement , & le droit de voter aux élections
des Officiers publics. Cette feconde claffe fe fubdivife
en plufieurs efpeces , & comprend :

1°. *Les Enfans mineurs* , c'eft-à-dire , qui n'ont
pas vingt ans accomplis. Comme ils font en général
fans propriétés jufqu'à cet âge , & fous l'autorité
immédiate de leurs parens , on fuppofe que ceux-ci
auroient trop d'influence fur leurs fuffrages.

2°. Les *Apprentifs* ; attachés à un maître pour apprendre de lui le commerce ou une profeffion quelconque : on préfume qu'il auroit fur leurs voix pendant la durée de leur apprentiffage , une influence de
même nature que celle des peres fur leurs enfans.

3°. Enfin , *les Domeftiques engagés*. Ce font en
général des arrivans d'Angleterre , d'Irlande , d'Al-
lemagne , &c. Beaucoup de ces émigrans n'ayant pas
de quoi payer leur paffage , conviennent avec les
Capitaines qui confentent à les paffer , de les fervir
eux & les perfonnes auxquelles ils céderont leur droit ,
pendant une , deux , trois , ou quatre années plus ou
moins , pour leur tenir lieu d'argent ; la durée de

comme l'ordonne ce plan de Gouvernement, pour obtenir & assurer d'une maniere plus efficace, *le grand objet & le
véritable but de tout GOUVERNEMENT,
tels que nous les avons exposés ci-dessus.*

l'engagement se regle sur l'âge & les talens du domestique : des ouvriers déjà formés n'en contractent
ordinairement que de fort courts.

Les Capitaines en arrivant à l'Amérique, cédent
ces engagemens de service aux habitans qui ont besoin de domestiques ; mais il faut que la cession se
fasse devant un Magistrat qui regle l'engagement
conformément à la raison & à la justice, & qui oblige les maîtres de promettre par un acte écrit, que,
pendant la durée de l'engagement le domestique
sera bien & duement nourri, vêtu, logé, &c :
qu'on lui apprendra à lire, à écrire & à compter :
qu'on lui montrera quelque métier, ou qu'on l'ins-
truira dans une profession qui puisse lui procurer par
la suite de quoi vivre ; & qu'à la fin du terme il sera
mis en liberté, & recevra en quittant son maître un
habillement complet & des hardes neuves. On dé-
livre au domestique une copie de cet engagement ;
& il en reste une autre sur les registres entre les
mains du Magistrat, à qui le domestique peut dans
tous les tems avoir recours, si son maître le maltraite
ou n'exécute pas fidellement sa partie du contrat.

Cette heureuse coutume facilite aux Colonies l'acquisition de nouveaux habitans, & fournit aux pauvres de l'Europe le moyen de se transporter dans un
pays où on les forme à une industrie qui leur assure
pour la suite une honnête subsistance.

CHAPITRE PREMIER.

Déclaration expositive des droits des Habitans de l'État de Pensylvanie.

I. Tous les hommes sont nés également (*a*) libres & indépendans ; & ils ont des droits certains, naturels, essentiels & inaliénables, parmi lesquels on doit compter le droit de jouir de la vie & de la liberté, & de les défendre : celui d'acquérir une propriété, de la posséder & de la protéger ; enfin celui de chercher & d'obtenir leur bonheur & leur sûreté.

II. Tous les hommes ont le droit naturel & inaliénable d'adorer le Dieu Tout-puissant, de la maniere qui leur est dictée par leur conscience & leurs lumieres. Au-

---

Note de l'Editeur. Il est essentiel de se rappeller ici la définition de la liberté, donnée par un Américain dans la note précédente. "Le sens politique de ce mot implique une part dans le Gouvernement, & le droit de voter aux élections des Officiers publics ". Tous les hommes sont nés pour jouir de cette espece de liberté. Nous avons déjà fait voir ailleurs que ceux qui ont transmis à d'autres ce droit naturel, par la crainte de ne pas l'exercer eux-mêmes pour leur plus grand avantage, en ont usé & continuent d'en user dans la même étendue que ceux qui ont entendu se le réserver individuellement.

cun homme ne doit ni ne peut être légitimement contraint à embrasser une forme particuliere de culte religieux, à établir ou entretenir un lieu particulier de culte, ni à soudoyer des Ministres de religion contre son gré, ou sans son propre & libre consentement : aucun homme, qui reconnoît l'existence d'un Dieu, ne peut être justement privé d'aucun droit civil comme citoyen, ni attaqué en aucune maniere, à raison de ses sentimens, en matiere de religion, ou de la forme particuliere de son culte : aucune Puissance dans l'Etat ne peut ni ne doit s'arroger l'exercice d'une autorité qui puisse, dans aucun cas, lui permettre de troubler ou de gêner le droit de la conscience dans le libre exercice du culte religieux.

III. Le Peuple de cet Etat a seul le droit essentiel & exclusif de se gouverner & de régler son administration intérieure.

IV. Toute autorité résidant originairement dans le Peuple, & étant par conséquent émanée de lui ; il s'ensuit que tous les Officiers du Gouvernement revêtus de l'autorité, soit législative, soit exécutrice, font fes mandataires, fes ferviteurs, & lui font comptables dans tous les tems.

V. Le Gouvernement eſt ou doit être inſtitué pour l'avantage commun, pour la protection & la sûreté du Peuple, de la Nation ou de la Communauté, & non pour le profit ou l'intérêt particuliers d'un feul homme, d'une famille, ou d'un affemblage d'hommes qui ne font qu'une partie de cette Communauté. La Communauté a le droit inconteſtable, inaliénable & inamiſſible de réformer, changer ou abolir le Gouvernement, de la maniere qu'elle juge la plus convenable, & la plus propre à procurer le bonheur public.

VI. Afin d'empêcher ceux qui font revêtus de l'autorité légiſlative ou exécutrice de devenir oppreffeurs, le Peuple a le droit, aux époques qu'il juge convenables, de faire rentrer fes Officiers dans l'état privé, & de pourvoir aux places vacantes par des élections certaines & régulieres.

VII. Toutes les élections doivent être libres : & tous les hommes libres ayant un intérêt fuffifant, évident & commun, & étant attachés à la Communauté par les mêmes liens; tous doivent avoir un droit égal à élire les Officiers, & à être élus pour les différens emplois.

VIII. Chaque Membre de la société a le droit d'être protégé par elle dans la jouissance de sa vie, de sa liberté & de sa propriété : il est par conséquent obligé de contribuer pour sa part aux frais de cette protection, de donner, lorsqu'il est nécessaire, son service personnel ou un équivalent ; mais aucune partie de la propriété d'un homme ne peut lui être enlevée avec justice, ni appliquée aux usages publics, sans son propre consentement, ou celui de ses représentans légitimes : aucun homme qui se fait un scrupule de conscience de porter les armes ne peut y être forcé justement, lorsqu'il paie un équivalent ; & enfin les Hommes libres de cet Etat ne peuvent être obligés d'obéir à d'autres loix qu'à celles qu'ils ont consenties pour le bien commun, par eux-mêmes ou par leurs représentans légitimes.

IX. Dans toutes les poursuites pour crime, un homme a le droit d'être entendu par lui & par son conseil ; de demander la cause & la nature de l'accusation qui lui eſt intentée ; d'être confronté aux témoins ; d'adminiſtrer toutes les preuves qui peuvent lui être favorables ; de requérir une inſtruction prompte & publique par un Juré impartial du pays, ſans l'avis unanime duquel il ne ſauroit être déclaré coupable. Il ne peut pas être forcé d'adminiſtrer des preuves contre lui-même ; & aucun homme ne peut être privé juſtement de ſa liberté qu'en vertu *des Loix du pays*, ou du jugement de ſes Pairs.

X. Tout homme a le droit d'être pour ſa perſonne, ſes maiſons, ſes papiers & pour toutes ſes poſſeſſions, à l'abri de toutes recherches & de toutes ſaiſies ; en conſéquence tout *Warrant* (a) eſt contraire

_____

(a) Le *Warrant* eſt un ordre ordonné par les Officiers de Juſtice, & même en Angleterre, par les Secrétaires d'Etat, pour faire recherche de perſonnes ou de choſes, & les ſaiſir. Il eſt ainſi nommé, parce que celui qui le donne en eſt reſponſable, *garant*. Il faut que la cauſe pour laquelle le *Warrant* eſt donné y ſoit exprimée, ainſi que la perſonne ou la choſe qui en ſont l'objet. Tout *Général Warrant*, c'eſt-à-dire, *Warrant* qui ordonneroit la recherche ou la ſaiſie d'une perſonne, ou d'une choſe ſans déſignation ſpéciale eſt contre les loix.

Le *Warrant* ſe donne ordinairement à la requête d'une partie civile ou de la partie publique, qui doivent adminiſtrer des preuves ſuffiſantes pour l'obtenir.

à ce droit si des sermens ou affirmations préliminaires n'en ont pas suffisamment établi le fondement, & si l'ordre ou la réquisition portés par le *Warrant* à un Officier ou Messager d'Etat, de faire des recherches dans des lieux suspects, d'arrêter une ou plusieurs personnes, ou de saisir leur propriété, ne sont pas accompagnés d'une désignation & description spéciales, de la personne ou des objets à rechercher ou à saisir. Enfin il ne doit être décerné aucun *Warrant* que dans les cas & avec les formalités prescrites.

XI. Dans les discussions relatives à la propriété & dans les procès entre deux ou plusieurs particuliers, les parties ont droit à l'instruction par Juré, & cette forme de procéder doit être regardée comme sacrée.

XII. Le Peuple a droit à la liberté de parler, d'écrire & de publier ses sentimens; en conséquence la liberté de la presse ne doit jamais être gênée.

XIII. Le Peuple a droit de porter les armes pour sa défense & pour celle de l'Etat; & comme, en tems de paix, des armées sur pied sont dangereuses pour la liberté, il ne doit point en être entretenu; & le militaire doit toujours être tenu dans une exacte subordination à l'autorité civile, & toujours gouverné par elle.

XIV. Un recours fréquent aux principes fondamentaux de la Constitution, & une adhésion constante à ceux de la justice, de la modération, de la tempérance, de l'industrie & de la frugalité, sont absolument nécessaires pour conserver les avantages de la liberté, & maintenir un Gouvernement libre. Le Peuple doit en conséquence avoir une attention particuliere à tous ces différens points dans le choix de ses Officiers & Représentans; & il a droit d'exiger de ses Législateurs & de ses Magistrats une observation exacte & constante de ces mêmes principes, dans la confection & l'exécution des loix nécessaires pour la bonne administration de l'Etat.

XV. Tous les hommes ont un droit naturel & essentiel à quitter l'Etat dans lequel ils vivent, pour s'établir dans un autre qui veut les recevoir, ou à former un Etat nouveau dans des pays vacans ou dans des pays qu'ils achetent, toutes les fois qu'ils croient pouvoir par-là se procurer le bonheur.

XVI. Le peuple a droit de s'assembler, de consulter pour le bien commun, de donner des instructions à ses Représentans, & de demander au Corps législatif, par la voie d'adresses, de pétitions ou de remontrances, le redressement des torts qu'il croit lui être faits.

CHAPITRE II.
FORME DE GOUVERNEMENT.

Section premiere.

LA RÉPUBLIQUE, ou Etat de Penfylvanie, fera déformais gouvernée par une Affemblée des Repréfentans des Hommes libres de l'Etat, & par un Préfident & un Confeil, de la maniere & dans la forme fuivantes.

Section feconde.

LA fuprême Puiffance légiflative fera confiée à une Chambre compofée des Repréfentans des Hommes libres de l'Etat ou République de Penfylvanie.

Projet d'une forme de Gouvernement pour l'Etat de Penfylvanie, imprimé pour mettre les habitans en état de communiquer leurs remarques. (Juillet 1776).

Sect. 1re L'Etat ou République de la Penfylvanie, fera gouverné à l'avenir par une affemblée de perfonnes qui repréfenteront les Hommes libres de ladite République, par un Préfident & un Confeil, dans la forme & de la maniere fuivante.

Sect. 2. Le pouvoir légiflatif fera confié à la Chambre des Membres repréfentant les Hommes libres de ladite République ou Etat de Penfylvanie.

Section

Section troisiéme.

La suprême Puissance exécutrice sera confiée à un Président & à un Conseil.

Section quatrieme.

Il sera établi des Cours de Justice dans la ville de Philadelphie, & dans chacun des Comtés qui composent cet Etat.

Section cinquieme.

Les hommes libres de l'Etat, & leurs enfans mâles seront armés & disciplinés pour sa défense, sous tels réglemens, restrictions, exceptions que l'Assemblée générale aura établis avec force de Loi, conservant toujours au peuple le droit de choisir les Colonels & autres Officiers de

---

Sect. 3. Le pouvoir exécutif sera exercé par un Président & un Conseil.

Sect. 4. On établira des Cours de Judicature à *Philadelphie* & dans toutes les Provinces de la Pensylvanie.

Sect. 5. Les gens libres de cet Etat ou République seront armés & instruits dans l'exercice des armes pour la défendre ; & la Milice choisira ses Officiers, (les Généraux exceptés) autant de fois qu'il sera réglé par les Loix concernant ladite milice. Les Officiers recevront leurs commissions du Président du Conseil.

E

grade inférieur ayant commiſſion, de la maniere & par des élections auſſi fréquentes que les ſuſdites loix le preſcriront.

Section ſixieme.

Tour homme libre, de l'âge de vingt & un ans accomplis, qui aura réſidé dans l'Etat une année entiere immédiatement avant le jour où ſe fera l'élection des Repréſentans, & qui aura payé les taxes pendant ce tems, jouira du droit d'élire: mais les enfans des *Francs-Tenanciers* (a) auront à l'âge de vingt & un ans accomplis droit de voter, quoiqu'ils n'ayent point payé les taxes.

Section ſeptieme.

La Chambre des Repréſentans des Hom-

(a) *Francs-Tenanciers*. Cette dénomination qui s'appliquoit originairement en Angleterre, à ceux qui poſſédoient leurs terres en *Aleu*, ne ſignifie pas autre choſe en Amérique que *Poſſeſſeurs en propre*, *Propriétaires de terres*.

Sect. 9. Tout homme libre ayant atteint l'âge de 21 ans, qui aura réſidé dans cet Etat ou République l'eſpace d'un an entier, à dater du jour de l'élection, & aura payé les taxes publiques durant ledit eſpace de temps, jouira du droit d'électeur, pourvu qu'il prête un ferment ou faſſe une affirmation (*pour les Quakres qui ne jurent jamais*) de fidélité à la République, s'il en eſt requis.

Sect. 7. La Chambre des Repréſentans des Hommes

mes libres de cette République, sera composée des personnes les plus recommandables par leur sagesse & leur vertu, qui seront choisies respectivement par les Hommes libres de chaque Ville & Comté de l'Etat. Personne ne pourra être élu, à moins d'avoir résidé dans la Ville ou dans le Comté pour lesquels il seroit choisi, deux années entieres, immédiatement avant ladite élection ; & aucun Membre de cette Chambre, tant qu'il le sera, ne pourra posséder aucun autre emploi que dans la Milice.

Section huitieme.

PERSONNE ne pourra être élu Membre de la Chambre des Représentans des Hommes libres de cette République, plus de quatre années sur sept.

---

libres de cette République sera composée de — Membres, choisis parmis les personnes les plus notables par leur sagesse & leur vertu ; ils seront élus par les Hommes libres de *Philadelphie* & des Provinces respectives de la République. Aucune personne ne sera éligible, qu'elle n'ait résidé dans le lieu, pour lequel elle sera choisie deux ans immédiatement antérieurs à ladite élection ; & tout Membre, ainsi élu, ne pourra exercer d'autre emploi, excepté dans la Milice.

Sect. 8. Personne ne pourra être élu en qualité de Représentant des Hommes libres de ladite République,

Section neuvieme.

Les Membres de la Chambre des Repréſentans ſeront choiſis annuellement au ſcrutin par les Hommes libres de la République, le ſecond mardi d'Octobre, dans la ſuite, (hors la préſente année), & s'aſſembleront le quatrieme lundi du même mois; ils s'intituleront, *l'Aſſemblée générale des Repréſentans des Hommes libres de Penſylvanie*, & ils auront le droit de choiſir leur Orateur, le Tréſorier de l'Etat & leurs autres Officiers; leurs ſéances ſeront indiquées & réglées par leurs propres ajournemens; ils prépareront les Bills, & leur donneront force *de loix*: ils jugeront de la validité des élections & des qualités de leurs Membres; ils pourront expulſer un

plus de quatre ans ſur ſept; & perſonne ne pourra ſervir plus de quatre ans conſécutifs.

Sect. 9. On choiſira leſdits Membres tous les ans à la pluralité des voix des Hommes libres de la République, le premier lundi d'Octobre à perpétuité (excepté la préſente année) leſdits Membres s'aſſembleront le troiſieme lundi dudit mois, & ils formeront *l'Aſſemblée générale des Repréſentans des Hommes libres de Penſylvanie*. Ils auront le droit de choiſir leur Orateur, le Tréſorier de l'Etat & les autres Officiers, de s'ajourner, de préparer des *Bills*, leur donner force de loi, décider de l'élection & capacité de leurs de leurs Membres ; mais jamais deux fois pour une même cause : ils pourront ordonner le serment ou l'affirmation d'après l'examen de témoins ; faire droit sur les griefs qui leur seront présentés, accuser les criminels d'Etat (a), accorder des chartes de corporations, constituer des villes, bourgs, cités & comtés ; & ils auront tous les autres pouvoirs nécessaires au Corps législatif d'un Etat libre ou République ; mais ils n'auront pas l'autorité de rien

(a) On a rendu le mot Anglois *Impeachment* par *Accusation de crime d'Etat*. Ce terme s'applique à une procédure particuliere aux procès pour malversations dans les grands emplois. C'est en Angleterre la Chambre des Communes qui se rend accusatrice devant celle des Pairs, à qui seule la connoissance de ces causes est réservée en sa qualité de Cour suprême de justice. En Pensylvanie, ce sera l'Assemblée générale qui accusera, & le Conseil d'Etat, qui sera Juge ; & il n'exercera lui-même la justice que dans cette seule espece de cause.

collégues. Ils pourront exclure les candidats une premiere fois, mais non pas dans le cas où la personne exclue seroit choisie une seconde fois. Ils recevront le serment ou l'affirmation pour l'examen des témoins ; entendront les plaintes & y feront droit. Ils citeront les coupables à leur tribunal : enfin ils seront revêtus de tout le pouvoir législatif d'un Etat libre ou républicain ; mais ils ne pourront pas ajouter, changer, abolir ou enfreindre en aucune maniere la présente Constitution

ajouter ni changer à aucune partie de la présente Constitution, ni de l'abolir, ou de l'enfreindre dans aucune de ses parties.

Section dixieme.

Les deux tiers du nombre entier des Membres élus seront un nombre suffisant pour discuter & décider les affaires dans la Chambre des Répréséntans. Aussi-tôt qu'ils seront assemblés, & qu'ils auront choisi leur Orateur, avant de s'occuper d'aucune affaire, chacun des Membres fera & signera, outre le serment ou affirmation de fidélité & d'obéissance qui sera ordonné par un des articles suivans, un serment ou une affirmation conçus en ces termes.

« Je jure (ou affirme) que, comme Membre de cette Assemblée, je ne proposerai

---

Sect. 10. Les deux tiers des Membres ainsi élus seront suffisans pour former la Chambre complette. Après qu'ils se seront assemblés, & qu'ils auront choisi leur Orateur, chacun en particulier, souscrira non-seulement au formulaire du serment d'allégeance & de fidélité, dont on parlera ci-après, mais aussi prêtera le serment ou fera l'affirmation suivante :

« Je N. jure (ou affirme) qu'en ma qualité de Membre de cette Assemblée, je ne proposerai aucun Bill, ni ne consentirai à ce que l'on vote ou décide

aucun Bill, vœu ou résolution, & que je
ne donnerai mon consentement à aucun
qui me paroisse nuisible au Peuple ; que
je ne ferai rien, ni ne consentirai à aucun acte, ni à aucune chose quelle qu'elle
soit qui tende à affoiblir, ou diminuer les
droits & privileges du Peuple, tels qu'ils
sont énoncés dans la Constitution de cet
Etat ; mais que je me conduirai en toutes
choses comme un honnête & fidele Représentant & Gardien du Peuple, en suivant ce que mon jugement & mes lumieres
m'indiqueront de meilleur ».

Et chaque Membre, avant de prendre sa
séance, fera & signera la déclaration suivante : savoir,

« Je crois en un seul Dieu, Créateur &

aucune chose qui pourroit paroître nuisible au bien
public ; que je ne ferai ou permettrai que l'on fasse
aucune démarche qui tende à diminuer ou restrein-
dre les droits ou privileges du peuple, tels qu'ils sont
établis par la Constitution de cet État ; mais qu'au
contraire je me conduirai en toutes choses comme
un honnête & fidele Représentant & Gardien du Peuple, autant que mon jugement & ma capacité pourront me le permettre ».
Chaque Membre, avant de prendre séance, fera
la déclaration suivante, à laquelle il souscrira : « Je
crois en un seul Dieu, Créateur & Gouverneur de
l'Univers ».

Gouverneur de cet univers, qui récompense les bons & punit les méchans. Et je reconnois que les Ecritures de l'ancien & du nouveau Testament ont été données par inspiration divine ».

Et jamais il ne sera exigé de profession de foi autre ni plus étendue d'aucun Officier civil ou Magistrat dans cet Etat.

Section onzieme.

Les Délégués, pour représenter cet état au Congrès, seront élus au scrutin par la future Assemblée générale à sa premiere séance & ainsi par la suite chaque année, tant que cette représentation sera nécessaire. Tout Délégué pourra être déplacé, en quelque tems que ce soit, sans autre formalité que la nomination à sa place par l'Assemblée générale. Personne ne pourra

Sect. 11. Les Députés, chargés de représenter cet Etat au Congrès, seront choisis à la pluralité des voix par les Membres de la susdite Assemblée, à sa premiere séance, & ensuite annuellement à perpétuité: tout Député pourra être rappellé par l'Assemblée générale, qui pourra de même en nommer un autre à sa place. Personne ne pourra siéger, comme Député auprès du Congrès, plus de deux ans de suite. Personne ne pourra être élu une seconde fois avant l'espace de trois ans, après l'expiration de ce terme.

fiéger en Congrès plus de deux ans de
fuite, & ne pourra être réélu qu'après
trois années d'interruption ; & aucune
perfonne pourvue d'un emploi à la nomination du Congrès, ne pourra être dorénavant choifie pour y repréfenter cette République.

Section douzieme.

S'IL arrivoit qu'une ou plufieurs Villes,
qu'un ou plufieurs Comtés négligeaffent ou
refufaffent d'élire ou d'envoyer des Repréfentans à l'Affemblée générale, les deux
tiers des Membres des Villes ou Comtés
qui auront élu & envoyé les leurs, auront
tous les pouvoirs de l'Affemblée générale,
auffi pleinement & auffi amplement que fi
la totalité étoit préfente, pourvu toutefois
que lorfqu'ils s'affembleront, il fe trouve
des Députés de la majorité des Villes &
Comtés.

Sect. 12. Si un ou plufieurs Comtés négligent ou
refufent d'envoyer des Repréfentans à l'Affemblée générale, pourvu que les Membres, choifis par les autres
Comtés, forment enfemble les deux tiers de ladite
Affemblée, ils auront le même plein pouvoir & repréfenteront cet Etat auffi pleinement que fi tous les
Députés s'y trouvoient.

Section treizieme.

Les portes de la Chambre dans laquelle les Représentans des Hommes libres de cet Etat tiendront l'Assemblée générale, seront & demeureront ouvertes; & l'entrée en sera libre à toutes personnes qui se comporteront décemment, à l'exception du seul cas où le bien de l'Etat exigera qu'elles soient fermées.

Section quatorzieme.

Le Journal des Séances de l'Assemblée générale sera imprimé chaque semaine durant la session, & lorsque deux Membres seulement le demanderont. On imprimera les *oui* & les *non* sur chaque question, vœu ou résolution, excepté quand les voix au-

---

Sect. 13. Les portes de la salle où les Représentans des Hommes libres de cet Etat tiendront leurs séances, seront & demeureront ouvertes pour toutes personnes qui se comporteront décemment; excepté dans les cas où la sûreté publique exigera que lesdites portes soient fermées.

Sect. 14. Toutes les semaines, pendant les séances de ladite Assemblée, on fera imprimer les décisions & les procédés de la Chambre, ainsi que les *oui* & les *non*. Les actes, questions & résolutions seront également publiés à la réquisition de deux Membres, excepté dans les cas où l'on votera par ballote (*Scrutin*).

ront été prifes au fcrutin ; & lors même qu'elles auront été prifes de cette maniere, chaque Membre aura droit d'inférer dans le Journal, s'il le juge à propos, les motifs de fon vœu.

Section quinzieme.

AFIN que les Loix puiffent être plus mûrement examinées avant de recevoir leur dernier caractere ; & afin de prévenir, autant qu'il eft poffible, l'inconvénient des déterminations précipitées, tous les Bills qui auront un objet public feront imprimés pour être foumis à l'examen du Peuple, avant la derniere lecture que doit en faire l'Affemblée générale, pour les difcuter & les corriger en derniere inftance : & excepté dans les occaffons où la célérité fera indifpenfablement néceffaire, ils ne feront paffés en loi que dans la feffion fuivante

Sect. 15. Tout Bill d'importance publique, fera lu trois fois, à trois différens jours, dans la Chambre des Repréfentans. Après la troifieme lecture il fera imprimé & publié, pour être examiné par le public, au moins fept jours avant qu'il foit lu une quatrieme fois : il fera alors fujet à de nouveaux débats & changemens avant d'obtenir force de loi ; &, à moins que la néceffité ne l'exige, ces Bills ne recevront ladite fanction que dans la féance qui fuivra la quatrieme lecture.

E 6

de l'Assemblée générale ; & afin de satisfaire le public aussi parfaitement qu'il est
possible, les raisons & les motifs qui auront
déterminé à porter la loi, seront complète-
ment & clairement développés dans le
préambule.

Section seizieme.

Le style des Loix de cette République
fera : « *Qu'il soit statué ; & il est ici statué
par les Représentans des Hommes libres de
la République de Pensylvanie, siégeans en
Assemblée générale, & par leur autorité* ».
Et l'Assemblée générale apposera son sceau à
chaque Bill lorsqu'elle le passera en loi. Ce
sceau sera gardé par l'Assemblée : il sera
appellé *le sceau des loix de Pensylvanie*, &
ne servira à aucun autre usage.

Section dix-septieme.

La ville de Philadelphie, & chaque

Sect. 16. Le protocole des loix de cette République
sera conçu en ces termes : « qu'il soit passé en loi,
& par ces présentes il est passé en loi par les Représentans des Hommes libres de la République de Pensylvanie, assemblés à cet effet, & par l'autorité de
ladite Assemblée ». L'Assemblée générale apposera
son sceau à chaque Bill aussi-tot qu'il sera passé en loi,
lequel sceau sera confié à la garde de ladite Assemblée ; il sera appellé le *sceau des loix de la Pensylva-*
nie, & ne pourra servir à aucun autre objet.

Comté de cette République respectivement, choisiront le premier mardi de Novembre de la présente année, & le second mardi d'Octobre, chacune des deux années suivantes, mil sept cent soixante & dix-sept & mil sept cent soixante & dix-huit, six personnes pour les représenter dans l'Assemblée générale. Mais comme la représentation, en proportion du nombre des habitans payant la taxe, est le seul principe qui puisse dans tous les tems assurer la liberté, & faire que la loi du pays soit l'expression véritable de la voix de la majorité du Peuple; l'Assemblée générale fera prendre des listes complettes des habitans payant taxes dans la ville & dans chaque Comté de cette République, & ordonnera qu'elles lui soient envoyées au plus tard à l'époque de la derniere Séance de l'Assemblée élue dans l'année mil sept cent soixante & dix-huit, qui fixera le nombre des Représentans pour la ville & pour chaque Comté, en proportion de celui des habitans payant taxes, portés dans chacune de ces listes. La représentation ainsi fixée subsistera sur le même pied pendant les sept années ensuivantes, au bout desquelles il sera fait un nouveau recensement des habitans payant taxes, & il sera établi par

l'Affemblée générale une nouvelle proportion de repréfentation en conféquence : il
en fera ufé de même à l'avenir tous les fept
ans. Les appointemens des Repréfentans
dans l'Affemblée générale, & toutes les autres charges de l'Etat feront payées par le
Tréfor d'Etat.

Section dix-huitieme.

AFIN que les Hommes libres de cette
République puiffent jouir auffi également
qu'il eft poffible du bénéfice de l'élection,
jufqu'à ce que la repréfentation, telle
qu'elle eft ordonnée dans la précédente
Section, puiffe commencer, chaque Comté
pourra fe divifer à fon gré en autant de
diftricts qu'il le voudra, tenir les élections dans ces diftricts, & y élire les Repréfentans dans le Comté & les autres
Officiers électifs, ainfi qu'il fera réglé dans
la fuite par l'Affemblée de cet Etat. Et
aucun habitant de cet Etat n'aura voix plus
d'une fois chaque année à l'élection pour
les Repréfentans dans l'Affemblée générale.

Section dix-neuvieme.

LE fuprême Confeil, chargé dans cet

Etat de la puissance exécutrice, sera composé pour le présent de douze personnes choisies de la maniere suivante. Les Hommes libres de la ville de Philadelphie, & des Comtés de Philadelphie, de Chester & de Bucks, dans le même tems & au même lieu où se fera l'élection des Représentans pour l'Assemblée générale, choisiront au scrutin respectivement une personne pour la Ville, & une pour chacun des Comtés susdits, & ces personnes ainsi élues devront servir dans le Conseil trois ans, & pas davantage. Les Hommes libres des Comtés de Lancastre, d'York, de Cumberland & de Berks, éliront de la même maniere une personne pour chacun de leurs Comtés respectifs; & celles-ci serviront comme Conseillers deux ans & pas davantage. Et les Comtés de Northampton, de Bedford, de Northumberland & de Westmoreland éliront aussi de la même maniere une personne pour chacun de leurs Comtés; mais ces dernieres

---

voir exécutif, sera formé de neuf Membres choisis en la maniere suivante: neuf Conseillers seront nommés par la Chambre des Représentans dans l'espace d'une semaine, après que le nombre desdits Représentans sera complet. Lesdits Conseillers serviront tous la premiere année, un tiers d'iceux pendant cette

ne serviront au Conseil qu'un an & pas davantage.

A l'expiration du tems pour lequel chaque Conseiller aura été élu, les Hommes
libres de la ville de Philadelphie & de
chacun des Comtés de cet Etat choisiront
respectivement une personne pour être
Membre du Conseil pendant l'espace de
trois années, & non au-delà; & il en
sera usé de même par la suite tous les trois
ans.

Au moyen d'élections ainsi combinées,
& de cette rotation continuelle, il y aura
plus d'hommes accoutumés à traiter les affaires publiques : il se trouvera dans le Conseil, chacune des années suivantes, un
certain nombre de personnes instruites de
ce qui s'y sera fait l'année d'auparavant;
& par là les affaires seront conduites d'une
maniere plus suivie & plus uniforme; &
cette forme aura le grand avantage encore
de prévenir efficacement tout danger, d'é-
tablir dans l'Etat une Aristocratie qui ne
sauroit être que nuisible.

---

année seulement : un tiers pendant deux; & l'autre
tiers pendant trois ans. Les places vacantes seront
remplies par de nouvelles élections, faites par la
Chambre des Représentans, de trois Conseillers chaque année à perpétuité. Aucun des Membres de la

Toutes les places vacantes dans le Conseil, par mort, résignation ou autrement, seront remplies à la premiere élection pour les Représentans dans l'Assemblée générale, à moins que le Président & le Conseil ne jugent à propos d'indiquer pour cet objet une élection particuliere plus prochaine. Aucun Membre de l'Assemblée générale, ni aucun Délégué au Congrès ne pourront être élus Membres du Conseil.

Le Président & le Vice-Président seront choisis annuellement au scrutin par l'Assemblée générale & le Conseil réunis ; mais ils seront toujours choisis parmi les Membres du Conseil. Toute personne qui aura servi pendant trois années successives comme Conseiller, ne pourra être revêtue du même Office qu'après une interruption de quatre ans. Tout Membre du Conseil, en vertu de son Office, sera Juge de Paix (*a*) pour toute la République.

(*a*) Les Juges de paix sont des Juges inférieurs chargés de la police : ils ont droit de faire arrêter les gens qui troublent la tranquillité publique ; il y

Chambre des Représentans ne pourra être choisi pour le Conseil ; & en cas de mort ou autrement, les pla-

Dans le cas où il seroit érigé dans cet État un ou plusieurs nouveaux Comtés, ce Comté ou ces Comtés ajoutés éliront un Conseiller, & seront annexés aux Comtés les plus voisins, pour prendre leur tour avec eux.

Le Conseil s'assemblera chaque année dans le même tems, & au même lieu que l'Assemblée générale.

Le Trésorier de l'État, les Commissaires de l'Office du prêt public (a), les Officiers

en a plusieurs dans chaque *Comté*, & ils forment une Cour qui connoît de plusieurs especes de crimes, même capitaux.

Les membres du Conseil d'État de Pensylvanie ont par leur Office l'autorité de *Juges de Paix* dans tout l'État ; mais celle des *Juges de Paix*, proprement dits, est circonscrite dans les limites de leur Comté.

(a) L'Office du *Prêt public*, est une banque dont les billets ont cours dans l'État : elle prête, en hypotéquant sa créance sur des fonds de terre, jusqu'à la moitié de la valeur de la terre hypotéquée : l'emprunteur reste en possession de sa terre, & acquitte dans l'espace de seize ans, par voie d'annuité, les intérêts & le capital.

L'objet de tout cet article est d'exclure des Corps principaux de l'État, toutes les personnes qui exercent des emplois lucratifs.

ces vacantes dans ledit Conseil seront remplies par le choix de ladite Assemblée, lors de la séance qui suivra immédiatement. Le Président & le Vice-Président seront choisis par voie du scrutin, par la Chambre

de Marine, les Collecteurs des Douanes &
de l'Accise, le Juge de l'Amirauté, les
Procureurs-Généraux, les Shériffs (*a*) & les
Protonotaires ne pourront être élus pour
siéger, ni dans l'Assemblée générale, ni
dans le Conseil, ni dans le Congrès continental.

Section vingtieme.

Le Président, & en son absence le Vice-
Président avec le Conseil, dont cinq Membres formeront un nombre suffisant, auront
le pouvoir de nommer & de bréveter les
Juges, les Officiers de Marine, le Juge de
l'Amirauté, le Procureur-Général, & tous

(*a*) Le *Shériff* est le premier Magistrat du Comté ;
ce mot vient de *Shire*, qui signifie en anglois *Comté*.
C'est le Shériff qui préside aux Assemblées du *Comté*,
& qui fait la liste des Jurés : il est à la fois Officier
d'administration & Juge dans certains cas ; c'est un
emploi très-important.

des Représentans & par les Membres du Conseil ; &
ils seront toujours tirés de ce dernier Corps. Personne
ne pourra être Président pendant plus de trois ans con-
sécutifs, & quiconque aura exercé cette charge pendant ledit tems, ne pourra y être nommé que quatre
ans après.

Sect 18. Le Président, ou en son absence le Vice-
Président & — Membres formeront un nombre suffisant & auront le pouvoir de nommer des Juges, des

les autres Officiers civils & militaires ; à l'exception de ceux dont la nomination aura été réservée à l'Assemblée générale & au Peuple, par la présente forme de Gouvernement, & par les loix qui seront faites dans la suite. Ils pourront commettre à l'exercice de tout office quel qu'il soit, qui vaquera par mort, résignation, interdiction ou destitution, jusqu'à ce qu'il puisse y être pourvu dans le tems & de la maniere ordonnée par la loi, ou par la présente Constitution.

Ils correspondront avec les autres Etats, feront toutes les affaires avec les Officiers de Gouvernement, civils & militaires, & prépareront celles qu'il leur paroîtra nécessaire de présenter à l'Assemblée générale.

Officiers de marine, le Juge de l'Amirauté, le Procureur-Général, & autres Officiers civils & militaires ; excepté ceux qui, suivant la forme de ce Gouvernement & les loix qui pourront être faites à l'avenir, doivent être choisis par l'Assemblée des Représentans ou par le Peuple. Lesdits Membres du Conseil nommeront aux emplois vacant par la mort, démission volontaire ou forcée de ceux qui les exerçoient, en attendant qu'il y puisse être pourvu dans le tems & en la même maniere que la loi ou cette Constitution l'exige. Ils seront chargés d'entretenir la correspondance avec les autres États, de travailler avec les Officiers civils & militaires du Gouvernement, & de préparer les matieres qui devront être agitées dans

Ils siégeront comme Juges pour entendre & juger les accusations des crimes d'Etat, & se feront assister dans ces occasions par les Juges de la Cour suprême; mais seulement pour avoir leur avis. Ils auront le droit d'accorder grace, & de remettre les amendes dans tous les cas, de quelque nature qu'ils soient, excepté pour les crimes d'Etat; & dans le cas de trahison & de meurtre, ils auront droit d'accorder non pas la grace, mais un répit jusqu'à la fin de la prochaine session de l'Assemblée générale. Quant aux crimes d'Etat, le Corps législatif aura seul & exclusivement le droit de remettre ou de mitiger la peine.

Le Président & Conseil veilleront aussi à ce que les loix soient fidélement exécu-

---

l'Assemblée générale. Ils seront Juges dans toutes les causes criminelles, ils pourront faire grace & faire remises des amendes en toutes occasions, excepté dans les cas de trahison & de meurtre. Dans ces derniers cas cependant, ils pourront suspendre l'exécution des criminels jusqu'à la clôture de la séance de l'Assemblée générale & pas plus long-tems; mais il n'y aura que le pouvoir législatif à qui il soit permis d'adoucir la peine, ou de pardonner pour les crimes de haute-trahison ou de meurtre. Lesdits Conseillers doivent aussi tenir la main à ce que les loix soient exécutées ponctuellement, & à ce que les résolutions de l'Assemblée générale aient leur effet. Ils pourront tirer du trésor l'argent qui sera voté pour leur usage,

tées; ils seront chargés de l'exécution des mesures qui auront été prises par l'Assemblée générale, & ils pourront tirer sur le trésor pour les sommes dont cette Assemblée aura fait la destination. Ils pourront aussi mettre embargo sur toutes denrées ou marchandises, & en défendre l'exportation pour un tems qui n'excéde pas trente jours, mais cela seulement dans les tems de vacances de l'Assemblée générale. Ils pourront accorder des permissions dans le cas où la loi aura jugé à propos d'astreindre l'usage de certaines choses à cette formalité; & ils auront le pouvoir de convoquer, lorsqu'ils le jugerónt nécessaire, l'Assemblée générale pour un terme plus prochain que celui auquel-elle se seroit ajournée. Le

par ladite Assemblée. Pendant la vacance de l'Assemblée seulement, ils pourront mettre des embargo pour prévenir l'exportation des denrées, pourvu que le terme n'excéde pas trente jours. Il leur sera permis, suivant l'exigence des cas, de convoquer l'Assemblée générale avant le tems auquel elle se seroit ajournée. Le Président sera Commandant en chef des troupes de la République; mais il n'ira en personne à la tête des armées que de l'avis du Conseil & pour le tems que ledit Conseil jugera à propos. Le Président & le Conseil auront un Secrétaire qui tiendra un registre exact de ce qui s'y fera, & dans lequel chaque Membre pourra faire insérer le refus qu'il fera de concourir à quelque délibération, & les raisons qu'il pourra avoir de s'y refuser.

Président fera Commandant en chef des troupes de l'Etat; mais il ne pourra commander en perfonne que lorfqu'il y fera autorifé par le Confeil, & feulement auffi long-tems que le Confeil l'approuvera.

Le Préfident & Confeil auront un Secrétaire, & tiendront un Journal en regle de tout ce qui fe fera en Confeil, dans lequel chaque Membre pourra inférer fon avis contraire à l'avis qui l'aura emporté, avec fes raifons à l'appui.

Section vingt & unieme.

Toutes les commiffions feront données au nom & de l'autorité des Hommes libres de la République de Penfylvanie; elles feront fcellées avec le Sceau de l'Etat, fignées par le Préfident ou le Vice-Préfident, & certifiées par le Secrétaire. Ce fceau fera gardé par le Confeil.

Section vingt-deuxieme.

Tout Officier de l'Etat, foit de Juftice,

Sect. 19. Toutes les commiffions feront au nom & fous l'autorité des Hommes libres de la République de Penfylvanie, fcellées du fceau de l'Etat, & contre-fignées par le Secrétaire; ledit fceau fera à la garde du Confeil.

Sect. 20. Tout Officier de l'Etat, foit qu'il appar-

ſoit d'Adminiſtration, pourra être pourſuivi par l'Aſſemblée générale, pour malverſation, ſoit pendant qu'il ſera revêtu de ſon office, ſoit après qu'il l'aura quitté par démiſſion, deſtitution ou à l'expiration de ſon terme. Toutes ces cauſes ſeront portées devant le Préſident ou Vice-Préſident & Conſeil qui les entendront & les jugeront.

Section vingt-troiſieme.

Les Juges de la Cour ſuprême de Juſtice auront des appointemens fixes; leurs commiſſions ſeront pour ſept ans ſeulement : au

---

tienne au corps légiſlatif ou exécutif pourra être cité par l'Aſſemblée générale, ſoit durant l'exercice de ſon emploi, ſoit lorſqu'il ſera ſorti de charge. Ces citations ſe feront au Tribunal du Préſident ou du Vice-Préſident & du Conſeil, qui jugera de ces affaires.

Sect. 21. Aucun Membre du Conſeil ne pourra être Membre de l'Aſſemblée générale, tant qu'il ſera Conſeiller d'Etat; mais en vertu de ſon office il ſera Juge de paix dans toute l'étendue de la République.

Sect. 22. Les Juges de la Cour ſuprême de judicature auront des appointemens fixes. Leur commiſſion ſera pour ſept ans ſeulement, & pourra être renouvellée après ce terme; cependant l'Aſſemblée générale pourra les priver de leur Office en tout tems. Il ne leur ſera pas permis d'avoir ſéance au Congrès, au Conſeil ou dans l'Aſſemblée générale, ni d'exercer aucun autre emploi civil ou militaire, ni de recevoir des *épices* ou autres émolumens quelconques.

bout

bout de ce terme, ils pourront cependant être institués de nouveau; mais ils seront amovibles dans tous les tems pour mauvaise conduite, par l'Assemblée générale. Ils ne pourront pas être élus membres du Congrès continental, du Conseil chargé de la puissance exécutrice, ni de l'Assemblée générale. Ils ne pourront posséder aucun autre office civil ou militaire; & il leur est expressément défendu de prendre ou recevoir aucuns honoraires ou droits d'aucune espece.

Section vingt-quatrieme.

La Cour suprême, & les différentes Cours de Plaids-communs de cette République, auront, outre les pouvoirs qui leur sont ordinairement attribués, les pouvoirs de Cours de Chancellerie pour tout ce qui aura rapport à la conservation des témoignages, à l'acquisition des preuves dans des lieux situés hors de l'Etat, & au soin des

---

Sect. 23. La Cour suprême exercera le pouvoir de Chancelier en ce qui regarde l'autorité nécessaire pour obliger les particuliers à remplir leurs engagemens, découvrir les fraudes, perpétuer les témoignages, recevoir les dépositions de personnes étrangeres à cette République, & prendre soin des biens & des personnes de ceux qui ont perdu le sens (*non compos mentis*) ainsi qu'il y sera pourvu par les loix.

F

perſonnes & des biens de ceux que la loi déclare *incapables de ſe gouverner eux-mêmes* ; & elles auront tous les autres pouvoirs que les futures Aſſemblées générales jugeront à propos de leur donner, & qui ne ſeront point incompatibles avec la préſente Conſtitution.

Section vingt-cinquieme.

LES inſtructions ſe feront comme il a toujours été pratiqué juſqu'à préſent, par Jurés (a), & il eſt recommandé au Corps

(a) La procédure par Jurés tire ſon origine de l'ancien droit d'être jugé par ſes Pairs : en Angleterre il n'y a que les *Francs-tenanciers* qui puiſſent être Jurés ; il en eſt de même en Amérique : le Shériff fait tous les ans une liſte des *Francs-tenanciers* du Comté ; & lorſque les Juges ordonnent qu'il ſoit procédé par un *Juré*, ils choiſiſſent ſur la liſte une certaine quantité des perſonnes enregiſtrées, & toujours beaucoup plus qu'il n'en faut pour compoſer le Juré. Dans quelques Provinces, comme dans celle de Maſſachuſſett-Bay, c'eſt un enfant qui tire les noms d'une boëte, où ils ſont enfermés. Les Parties en matiere civile & même criminelle ont, outre les cas de récuſation portés par la loi, le droit d'en récuſer un grand nombre ſans articuler aucune raiſon. Les Jurés, en matiere civile, ſont appellés pour prononcer ſur les points de fait, & même quelquefois

Sect. 24. Les procès civils & criminels ſe décideront par les Jurés, ainſi qu'il s'eſt toujours pratiqué ;

légiſlatif de cet Etat de pourvoir par des loix contre toute corruption ou partialité dans la confection de la liſte, dans le choix ou dans la nomination des Jurés.

Section vingt-ſixieme.

LES Cours de ſeſſions, de plaids-communs, & les Cours des orphelins ſeront tenues tous les trois mois dans chaque ville & Comté; & le Corps légiſlatif aura le pouvoir d'établir toutes & telles autres Cours qu'il jugera à propos pour le bien des habitans de l'Etat. Toutes les Cours ſeront ouvertes, & la juſtice ſera adminiſ-

ſur ceux de droit; leur prononciation s'appelle *ver-dict* du mot latin *verè dictum*, dit *véritable*, & elle eſt portée au Juge qui décide d'après la loi. La note ſuivante indiquera leurs fonctions en matiere criminelle.

& l'on recommande au pouvoir légiſlatif d'employer l'autorité des loix, pour empêcher que la ſubornation ou la partialité n'aient part au choix & à la nomination des Jurés.

Sect. 25. Tous les trois mois on tiendra des Cours criminelles & civiles dans la ville de Philadelphie & dans chaque Comté; & la légiſlation pourra établir telles autres Cours qu'elle jugera utiles ou néceſſaires au bien des Habitans de cet Etat. Tous les Tribunaux ſeront ouverts, & la juſtice s'y adminiſtrera ſans partialité, ſans influence de corruption & ſans

trée impartialement sans corruption, & sans autre délai que ceux indispensablement nécessaires. Tous leurs Officiers recevront des salaires proportionnés à leurs services, mais modiques. Et si quelque Officier prenoit directement ou indirectement d'autres ou plus grands droits que ceux qui lui sont fixés par la loi, il deviendroit incapable de posséder à jamais aucun office dans cet État.

Section vingt-septieme.

Toutes les poursuites seront commencées au nom & de l'autorité des Hommes libres de la République de Pensylvanie ; & les plaintes (a) seront terminées par ces

(a) Le mot Anglois *Indictement*, qu'on a rendu ici par *plainte*, est effectivement le premier acte de la procédure criminelle. Le Bill d'*Indictement* est remis à un *grand Juré*, c'est-à-dire, à un Juré composé de quinze personnes au moins, qui met au dos du Bill,

délais inutiles. Tous les Officiers de ces différentes Cours recevront des appointemens modiques, mais proportionnés à leur service ; & s'il arrivoit qu'aucun desdits Officiers reçût directement ou indirectement plus que la loi ne lui accorde, il sera déclaré incapable d'exercer aucun emploi dans cet État.

Sect. 26. Tous les procès criminels seront commencés au nom & par l'autorité des Hommes libres de la République de Pensylvanie ; & toutes les accusations de la même espece seront terminées par mots : *contre la paix & la dignité des Hommes libres de la République de Penſylvanie.* L'intitulé de toutes les procédures dans cet Etat, ſera *la République de Penſylvanie.*

Section vingt-huitieme.

TOUTES les fois qu'il n'y aura pas une forte préſomption de fraude, un débiteur ne ſera pas retenu en priſon, lorſqu'il aura

---

Ignoramus, s'il ne ſe trouve pas de fondement à l'accuſation, ou *Billa vera,* s'il la trouve fondée ; mais pour répondre de cette derniere maniere & autoriſer l'accuſation, il faut les voix réunies de douze des Membres du *grand Juré* : dans ce dernier cas, *la plainte eſt reçue,* & l'accuſé eſt *Indicted.* On procéde enſuite aux informations par un *petit Juré* compoſé de douze perſonnes ſeulement. Lorſque l'examen de l'affaire eſt fini, & que l'accuſé a été entendu par lui & par ſes conſeils, le *petit Juré* prononce *Guilty, il eſt coupable ;* ou *non Guilty, il n'eſt point coupable ;* mais la premiere prononciation ne peut avoir lieu que par le ſuffrage unanime des douze Jurés : le Juge enſuite ouvre la loi, & prononce la peine que la loi preſcrit.

---

ces mots : " contre la paix & la dignité de ladite République " A l'avenir cet Etat, dans toute action juridique, ſera appellé *la République de Penſylvanie.*

Sect. 27. Un débiteur ne pourra être détenu en priſon quand il n'y aura pas lieu de le ſoupçonner de fraude préméditée, dès qu'il aura aſſigné à ſes créanciers ſes biens, meubles & immeubles dans la ma-

fait de bonne foi cession à ses créanciers de tous ses biens réels & personnels, de la maniere qui sera dans la suite réglée par les loix. Tous prisonniers seront élargis en donnant des cautions suffisantes ; excepté pour les crimes capitaux, quand il y aura des preuves évidentes ou de très-fortes présomptions.

Section vingt-neuvieme.

On n'exigera point de cautionnemens excessifs dans le cas où la caution sera admise, & toutes les amendes seront modiques.

Section trentieme.

Il sera élu des Juges de paix par les Francs-tenanciers de chaque ville & Comté

---

niere que la loi le déterminera ci-après ; & tout particulier pourra être élargi sous caution suffisante, à moins qu'il ne soit prévenu de crime capital sur de bonnes preuves ou de forts indices.

Sect. 28. On n'exigera pas de cautions exorbitantes dans les affaires où la Partie accusée pourra être cautionnée : les amendes infligées seront modérées & ne pourront jamais s'étendre à la saisie des habitations, hardes, lits, & ustensiles nécessaires à la profession ou commerce du particulier poursuivi.

Sect. 29. Les Juges de paix seront choisis par les Hommes libres de la ville & des différens Comtés ;

respectivement : c'est-à-dire , il sera choisi
deux ou plusieurs personnes pour chaque
quartier , banlieue ou district , de la maniere que la loi l'ordonnera dans la suite ;
& les noms de ces personnes seront présentés , en Conseil , au Président qui donnera
des commissions à une ou plusieurs , pour
le quartier , la banlieue ou le district qui
les aura présentées. Ces commissions seront
pour sept ans , & les pourvus seront amovibles pour mauvaise conduite par l'Assemblée générale. Mais si quelques villes ou
comté , quartier , banlieue ou district dans
cette République , vouloit dans la suite
changer quelque chose à la maniere établie
dans cet article de nommer les Juges de
Paix , l'Assemblée générale pourra faire des
loix pour la régler d'après le desir & la demande d'une majorité des Francs-tenanciers

c'est-à-dire , que deux personnes seront élues dans
chaque quartier , ville ou district , ainsi qu'il y sera
pourvu par la loi. Les noms de ces deux personnes
seront présentés au Président & au Conseil , qui donnera à l'une d'elles une commission pour sept ans ,
toujours sujette à être révoquée par la Chambre des
Représentans pour cause de malversation : ladite commission pourra être renouvellée à l'expiration des
sept ans. Un Juge de paix ne pourra être membre de
l'Assemblée générale qu'au préalable il n'ait donné sa
démission. Il ne lui sera pas permis , dans l'exercice
de son emploi , de recevoir aucune rétribution ni au-

de la ville, comté, quartier, banlieue ou district. Aucun Juge de Paix ne pourra devenir membre de l'Assemblée générale, à moins de se démettre de cet office; & il ne lui sera permis de prendre aucuns droits, salaires ou honoraires quelconques, que ceux qui seront fixés par le futur Corps législatif.

Section trente & unieme.

Les *Sheriffs* & les *Coroners* (a) seront élus annuellement dans chaque ville & comté par les Hommes libres; savoir, deux

(a) Le *Coroner* est un Juge inférieur qui fait les premieres informations dans les cas de meurtre ou de cadavres trouvés; il connoît aussi en Angleterre des naufrages & des trésors trouvés, mais ces droits barbares n'existant pas en Amérique, son Office est restreint au premier article; il supplée aussi le Sheriff dans toutes ses fonctions, soit en cas d'absence, soit en cas de récusation.

cun autre salaire ou émolument que ceux qui pourront dans la suite être accordés par la loi, comme une compensation des dépenses que pourront occasionner les voyages qu'il sera obligé de faire pour suivre les Cours de judicature.

Sect. 30. Les Sheriffs & les Coroners, (*Officiers chargés de la commission qui revient à la descente de Juges*) seront choisis annuellement par les Hommes libres de chaque Comté; c'est-à-dire, que l'on présentera deux personnes pour chacun de ces emplois,

personnes pour chacun de ces offices, à l'une desquelles le Président en Conseil donnera la commission de l'office pour lequel elle aura été présentée. Aucune personne ne pourra être continuée plus de trois années consécutives dans l'office de Sheriff, & ne pourra être réélue qu'après une interruption de quatre ans. L'élection des Sheriffs & Coroners se fera dans le tems & au lieu fixés pour l'élection des Représentans. Et les Commissaires, Assesseurs & autres Officiers choisis par le Peuple, seront aussi élus de la maniere & dans les lieux usités jusqu'à présent, à moins que le futur Corps législatif de cet Etat ne juge à propos d'y apporter des changemens & d'en ordonner autrement.

Section trente-deuxieme.

TOUTES les élections, soit par le Peuple, soit par l'Assemblée générale, se feront au

---

une desquelles sera agréée par le Président & le Conseil. Personne ne pourra exercer l'Office de Sheriff pendant plus de trois ans consécuifs, & ne pourra être élu de nouveau que quatre ans après ledit terme.

Sect. 31. Toutes les élections faites par le Peuple ou par l'Assemblée générale le feront par la voie des suffrages libres & volontaires. Si aucun des électeurs reçoit pour sa voix quelque présent ou récompense

scrutin, & seront libres & volontaires. Tout électeur qui recevroit quelque présent ou récompense pour son suffrage, soit en argent, soit en commestibles, en liqueurs, ou de quelqu'autre maniere que ce soit, perdra son droit d'élire pour cette fois, & subira telle autre peine que les loix futures ordonneront. Et toute personne qui, pour être élue, promettroit & donneroit quelque récompense directement ou indirectement, sera, par cela même, rendue incapable d'être employée l'année suivante.

Section trente-troisieme.

Tous honoraires, permissions à prix d'argent, amendes & confiscations qui, jusqu'à présent, étoient accordés ou payés au Gouverneur ou à ses Députés, pour les

en vivres, boisson, argent ou autre nature quelconque, il sera déchu pour ce tems-là de son droit, & subira telle peine que la loi prononcera ci-après; & toute personne qui donnera, promettra ou accordera directement ou indirectement aucune espece de récompense pour être élue, sera déclarée incapable, par cet acte même, de servir pendant l'année suivante dans l'emploi auquel elle aura été nommée.

Sect. 32. Chaque électeur avant de donner sa voix à la premiere élection générale des Représentans, ou si cela paroît convenable à aucune élection générale qui pourra avoir lieu dans la suite, prêtera le ser-

frais du Gouvernement, seront dorénavant payés au trésor public, à moins que le futur Corps législatif ne les abolisse ou n'y fasse quelque changement.

Section trente-quatrieme.

Il sera établi dans chaque ville & comté un office pour la vérification des testamens & pour accorder des Lettres d'administration (*a*), & un autre pour le dépôt des

---

(*a*) Les *Lettres d'administration* tirent leur origine du droit qu'avoient autrefois les Rois d'Angleterre, droit transmis depuis par eux aux Evêques, de s'emparer des successions *ab intestat*, & de disposer des biens ainsi dévolus ; le fond du droit n'existe plus, mais la forme des *lettres d'administration* est restée nécessaire pour autoriser les héritiers à se mettre en possession, & les obliger au paiement des dettes, &c. On donne aussi des *lettres d'administration* quoiqu'il existe un testament, s'il y a des mineurs. L'Office créé par cet article, remplira en Pensylvanie toutes ces fonctions.

---

ment ou fera l'affirmation suivante, à moins qu'il ne prouve par le certificat d'un Juge de paix qu'il a prêté précédemment ledit serment.

« Je N. jure (ou affirme) que j'observerai l'allégeance due à la République de Pensylvanie, que j'en préserverai la liberté de mon mieux, & que suivant la portée de mes lumieres, je ne donnerai ma voix qu'en faveur de personnes que je croirai fideles, douées de connoissance, dignes & capables de répondre à la confiance publique ».

Sect. 33. Tous les droits, amendes, confisca-

actes. Les Officiers feront nommés par l'Affemblée générale, amovibles à fa volonté, & recevront leurs commiffions du Préfident en Confeil.

Section trente-cinquieme.

LA preffe fera libre pour toutes les perfonnes qui voudront examiner les actes du

tions, & tous les autres émolumens accordés ci-devant au Propriétaire & Gouverneur ou à fes Députés pour le foutien du Gouvernement, feront dorénavant verfés dans le tréfor public, à moins qu'ils ne foient changés ou entiérement abolis à l'avenir par la légiflation.

Sect. 34. Chaque Comté aura un greffe où l'on dépofera la minute des teftamens, & où on accordera la permiffion de les exécuter, ainfi qu'un bureau pour la refcifion des actes. Les Officiers de cette partie feront nommés par l'Affemblée générale, & feront amovibles à fon gré; leurs commiffions feront expédiées par le Préfident & le Confeil.

Sect. 35. La liberté de la preffe fera ouverte à tous ceux qui entreprendront l'examen de l'adminiftration légiflative; & l'Affemblée générale ne pourra y donner atteinte par aucun acte. Aucun Imprimeur ne fera répréhenfible pour avoir publié des remarques, cenfures ou obfervations fur les procédés de l'Affemblée générale, fur aucune partie du Gouvernement, fur aucune affaire publique, ou fur la conduite d'aucun Officier en tant qu'elles ne regarderont que l'exercice de fes fonctions; pourvu que cette liberté ne s'étende pas jufqu'à donner des inftructions à un ennemi en guerre avec nous, fur notre force, foi-

Corps Légiſlatif., ou telle autre branche du Gouvernement que ce ſoit.

Section trente-ſixieme.

COMME, pour conſerver ſon indépendance, tout homme libre (s'il n'a pas un bien ſuffiſant) doit avoir quelque profeſſion, ou quelque métier, faire quelque commerce, ou tenir quelque ferme qui puiſſe le faire ſubſiſter honnêtement, il ne peut y avoir ni néceſſité, ni utilité d'établir des emplois lucratifs, dont les effets ordinaires ſont, dans ceux qui les poſſédent, ou qui y aſpirent, une dépendance & une ſervitude indignes d'hommes libres, & dans le Peuple des querelles, des factions, la corruption & le déſordre. Mais ſi un homme eſt appellé au ſervice du public, au préjudice de ſes propres affaires,

---

bleſſe, diſpoſitions, ou d'autres lumieres qui en éclairant l'ennemi pourroient perdre l'Etat.

Sect. 36. Comme chaque Homme libre, à moins qu'il n'ait un revenu ſuffiſant, doit, pour ſe conſerver dans l'indépendance, embraſſer une profeſſion, métier ou commerce quelconque, pour l'aider à ſubſiſter honnêtement, il ne paroît point du tout néceſſaire ni même utile de créer des emplois lucratifs, dont l'effet eſt ordinairement d'établir une ſervilité indigne de l'homme libre, & de faire naître parmi les prétendans la jalouſie, l'animoſité, la diſcorde,

il a droit à un dédommagement raisonna-
ble. Toutes les fois que, par l'augmentation de ses émolumens, ou par quelqu'autre cause, un emploi deviendra assez
lucratif pour émouvoir le desir & attirer
la demande de plusieurs personnes, le
Corps législatif aura soin d'en diminuer les
profits.

Section trente-septieme.

Le futur Corps législatif de cet Etat ré-
glera les substitutions de maniere à en empêcher la perpétuité.

Section trente-huitieme.

Les Loix pénales suivies jusqu'à présent, seront réformées le plutôt possible
par le futur Corps législatif de cet Etat;

---

la subornation & le désordre. Si un particulier est
employé au service public au préjudice de ses propres affaires, il est juste qu'il reçoive une compensation ; mais si cet emploi devient assez considérable,
pour mériter d'être brigué, les profits qui y sont
attachés seront réduits ou diminués par le pouvoir
législatif.

Sect. 37. La législation de cet Etat, pourvoira à ce
que l'exercice des Offices publics ne fournisse point
de profits casuels.

Sect. 38. Les loix pénales seront réformées par la
législation le plus plutôt possible ; on tâchera de les

les punitions feront dans quelques cas rendues moins fanguinaires, & en général plus proportionnées aux crimes.

Section trente-neuvieme.

POUR détourner plus efficacement de commettre des crimes par la vue des châtimens continus, de longue durée, & foumis à tous les yeux; & pour rendre moins néceffaires les châtimens fanguinaires, il fera établi des Maifons de Force, où les coupables convaincus de crimes non capitaux feront punis par des travaux rudes; ils feront employés à travailler aux ouvrages publics, ou pour réparer le tort qu'ils auront fait à des particuliers. Toutes perfonnes auront, à de certaines heures con-

---

rendre moins fanguinaires dans de certains cas, & mieux proportionnées à la nature de certains crimes: en attendant, les loix actuelles feront mifes en exécution dans toute leur étendue, excepté celles qui tendent à établir l'allégeance dûe au Roi de la Grande-Bretagne, ou l'autorité des propriétaires (la famille de Penn, ou du ci-devant Gouverneur de cet Etat :) on en excepte auffi tout ce qui pourroit répugner ou être contradictoire à la préfente conftitution.

Sect. 39. On fera bâtir des maifons de force pour punir par un travail pénible ceux qui feront coupables de crimes qui ne vont pas jufqu'à mériter la

venables, la permission d'y entrer pour voir les prisonniers au travail.

Section quarantieme.

TOUT Officier, soit de justice, soit d'administration, soit de guerre, exerçant quelque branche d'autorité sous cette République, fera le serment ou affirmation de fidélité qui suit, & aussi le serment général des Officiers, avant d'entrer en fonction.

Serment ou affirmation de fidélité.

« Je — jure (ou affirme) que je serai sincérement attaché & fidele à la République de Pensylvanie, & que ni directement, ni indirectement, je ne ferai aucun acte ni aucune chose préjudiciable ou nuisible à la Constitution ni au Gouvernement,

mort; là les criminels seront employés pour l'avantage public, ou pour réparer le tort fait à des particuliers.

Sect. 40. Aucun Particulier ni aucune Communauté, de quelque dénomination ou profession que ce puisse être, n'a droit, à raison d'aucun privilege de prétendre à une exemption des peines légales : ainsi les mots *sans bénéfice du Clergé*, usités quand la peine est capitale, seront supprimés dorénavant, & les criminels subiront indistinctement les peines auxquelles la loi les condamne.

tels qu'ils ont été établis par la Commiſſion extraordinaire ».

Serment ou affirmation des Officiers.

« Je — jure (ou affirme) que je rem-
plirai fidellement l'Office de — pour le —
de — que je ferai droit impartialement , &
que je rendrai juſtice exacte à tout le
monde , auſſi-bien que mon jugement &
mes lumieres me le ſuggéreront , ſuivant
la loi »

Section quarante-unieme.

Il ne ſera impoſé ſur le Peuple de cet
Etat , & il ne ſera payé par lui aucunes
taxes , douane ou contribution quelconques , qu'en vertu d'une loi à cet effet. Et
avant qu'il ſoit fait de loi pour ordonner
quelque levée , il faut qu'il apparoiſſe
clairement au Corps légiſlatif , que l'objet
pour lequel on impoſera la taxe , ſera plus
utile à l'Etat que ne le ſeroit l'argent de
la taxe à chaque particulier ſi elle n'étoit
pas levée. Cette regle toujours bien obſer-
vée , jamais les taxes ne deviendront un
fardeau.

Sect. 41. Tout Officier , indépendamment du ſer-
ment ou affirmation relative à ſon office , jurera auſſi
de faire tous ſes efforts pour la défenſe & la préſer-
vation de cette forme de Gouvernement.

Section quarante-deuxieme.

Tout Etranger, de bonnes mœurs, qui viendra s'établir dans cet Etat, aussi-tôt qu'il aura fait le serment ou affirmation de fidélité à l'Etat, pourra acheter ou acquérir par toutes autres voies justes, posséder & transmettre tous biens en terre ou autres biens réels ; & après une année de résidence, il en sera réputé véritable & libre citoyen, & participera à tous les droits des sujets naturels & natifs de cet Etat, excepté qu'il ne pourra être élu Représentant qu'après une résidence de deux ans.

Section quarante-troisieme.

Les Habitans de cet Etat auront la liberté de chasser à toutes especes d'animaux,

---

Sect. 42. On ne levera aucune taxe en argent ou marchandises sur les Habitans de cet Etat, sous prétexte d'impôts, droits de douane, &c. à moins qu'il n'y ait à cet effet une loi expresse ; & pareille loi ne doit avoir lieu que lorsqu'il paroîtra clairement que l'objet pour lequel on établira cette taxe sera plus utile à la communauté, que cet argent ne le seroit si on n'en faisoit pas la levée : en observant cette maxime, jamais taxe ne peut-être à charge.

Sect. 43. Tout Etranger de bonnes mœurs qui viendra s'établir dans cet Etat, ayant prêté le serment ou fait l'affirmation de fidélité à la République, pourra acheter, ou par d'autres moyens équitables,

dans les saisons convenables, sur les terres qu'ils posséderont & sur toutes autres terres qui ne seront point encloses ; il leur sera permis aussi de pêcher dans toutes les rivieres navigables „ ou autres eaux qui ne seront pas la propriété particuliere de quelqu'un.

Section quarante-quatrieme.

IL sera établi par le Corps législatif une ou plusieurs écoles dans chaque Comté, pour que les jeunes gens puissent y être convenablement & commodément ins-truits, & il sera fixé aux Maîtres sur les fonds publics des salaires qui les mettent en état de donner l'éducation à bas prix ; & toutes les connoissances utiles seront duement encouragées & perfectionnées dans une ou plusieurs Universités.

acquérir & posséder des terres ou autres biens-fonds : une année de résidence lui donnera le droit de bour-geoisie & le privilege d'Homme libre de cet Etat ; il ne pourra cependant être choisi comme membre de l'Assemblée des Représentans qu'au bout de deux ans de résidence.

Sect. 44. Les Habitans de cet Etat auront dans la saison convenable, la liberté de la chasse, tant sur leurs propres terres que sur toutes celles qui ne sont point enceintes de murs, ils pourront aussi pêcher dans toutes les rivieres navigables qui n'appartien-nent point en propre à des particuliers.

Section quarante-cinquieme.

Il fera fait des Loix pour l'encouragement de la vertu, & pour prévenir les vices & la dépravation des mœurs : ces Loix feront conftamment maintenues en vigueur, & l'on prendra toutes les précautions néceffaires pour qu'elles foient ponctuellement exécutées. Toutes les Sociétés Religieufes ou Corps qui fe font jufqu'à préfent formés & réunis pour l'avancement de la religion & des connoiffances, ou pour d'autres objets pieux & charitables, feront encouragés & confervés dans la jouiffance des privileges, immunités & biens dont ils jouiffoient, ou dont ils avoient droit de jouir fous les loix & l'ancienne conftitution de cet Etat.

Section quarante-fixieme.

Il eft déclaré, par le préfent article,

Sect. 45. La légiflation établira un ou plufieurs colléges dans chaque Comté pour l'inftruction de la jeuneffe ; & les maîtres auront des appointemens qui leur feront payés fur le tréfor public, afin qu'ils puiffent enfeigner à un prix modique. Toutes les branches des connoiffances utiles feront accueillies & encouragées dans une ou plufieurs Univerfités.

Sect. 46. On fera des loix propres à exciter à la

que *la déclaration expofitive des droits* ci-deſſus, fait partie de la *Conſtitution* de cette République, & ne doit jamais être violée ſous aucun prétexte que ce ſoit.

Section quarante-ſeptieme.

AFIN que la liberté de cette République puiſſe être à jamais inviolablement conſervée, le ſecond mardi d'Octobre dans l'année mil ſept cent quatre-vingt-trois, & le ſecond mardi d'Octobre dans chaque ſeptieme année après celle-là, il ſera choiſi par les Hommes libres dans chaque Ville & Comté de cet Etat reſpectivement, deux perſonnes pour chaque Ville ou Comté. Ces différens Membres formeront un Corps appellé le Conſeil des Cenſeurs, qui s'aſſemblera le ſecond lundi du mois de

vertu, à prévenir le vice & tout ce qui eſt contraire aux mœurs ; ces loix ſeront maintenues dans toute leur vigueur, & l'on pourvoira à ce qu'elles ſoient ſtrictement exécutées.

Sect. 47. Aucun article de la déclaration des droits de cet Etat ne pourra être violé, ſous quelque prétexte que ce puiſſe être.

Sect. 48. Afin que la liberté de la République puiſſe ſe conſerver intacte pour toujours ; on choiſira par la voie des ſuffrages le premier lundi d'Octobre 1783, & enſuite tous les ſept ans, deux perſonnes

Novembre qui suivra leur élection. La majorité des Membres de ce Conseil formera, dans tous les cas, un nombre suffisant pour décider ; excepté s'il étoit question de convoquer une Commission extraordinaire, pour ce cas seulement il faudra que les deux tiers de la totalité des Membres élus y consentent. Le devoir de ce Conseil sera d'examiner si la Constitution a été conservée dans toutes ses parties sans la moindre atteinte, & si les Corps chargés de la puissance législative & exécutrice ont rempli leurs fonctions comme gardiens du Peuple, ou s'ils se sont arrogés & s'ils ont exercé d'autres ou plus grands droits que ceux qui leur sont donnés par la Constitution. Ils devront aussi examiner si les taxes publiques ont été imposées & levées justement dans toutes

dans la ville de Philadelphie & deux dans chaque Comté, qui formeront ensemble un Conseil de Censeurs, & s'assembleront le second lundi du mois de Novembre postérieur à leur élection : lorsque ces Censeurs excéderont la moitié de leur nombre dans une assemblée, leur autorité sera légale ; l'objet de cette autorité sera d'examiner si la présente Constitution a eu son plein & entier effet, si les personnes chargées du pouvoir législatif & exécutif ont rempli les devoirs de protecteurs du peuple, si elles se sont arrogé, & si elles ont exercé un pouvoir plus étendu

les parties de la République ; quel a été l'emploi des fonds publics, & si les Loix ont été bien & duement exécutées.

Pour remplir ce but, ils auront le pouvoir de faire comparoître toutes les personnes, & de se faire représenter tous les papiers & regiftres qui feront néceffaires : ils auront l'autorité de faire des cenfures publiques, d'ordonner la pourfuite des crimes d'Etat, & de recommander au Corps légiflatif l'abrogation des loix qui leur paroîtront avoir été faites dans des principes oppofés à la Conftitution. Ils auront ces pouvoirs pendant une année entiere, à compter du jour de leur élection, mais pas au-delà.

Le Conseil des Cenfeurs aura auffi le pouvoir de convoquer une Commiffion ex-

que la préfente Conftitution ne le leur accorde. Il fera auffi du devoir des Cenfeurs de s'informer fi les taxes ont été juftes dans leur répartition, & fi chaque individu qui forme la communauté y a contribué en proportion égale. Ils demanderont compte de l'emploi du revenu public, & examineront fi les loix ont été bien exécutées.

A ces fins ils pourront citer les perfonnes, examiner les papiers & regiftres, cenfurer publiquement, dénoncer les coupables, & propofer l'abolition des loix dont l'exécution leur paroîtroit incompatible avec les principes de la conftitution. Ils Continueront l'exercice de cette autorité pendant un an feulement,

traordinaire qui devra s'assembler dans les deux années qui suivront la cession dudit Conseil, s'il leur a paru qu'il y ait une nécessité absolue de corriger quelque article défectueux de la Constitution, d'en expliquer quelqu'un qui ne seroit pas clairement exprimé, ou d'en ajouter qui fussent nécessaires à la conservation des droits & du bonheur du Peuple. Mais les articles qu'on proposera de corriger, & les corrections proposées, ainsi que les articles à ajouter ou ceux à abroger, seront authentiquement publiés au moins six mois avant le jour fixé pour l'élection de la Commission extraordinaire, afin que le Peuple ait le loisir de les examiner, & de donner sur ces objets des instructions à ses Délégués.

à compter du jour auquel ils auront été choisis ; le Conseil des Censeurs pourra convoquer une assemblée ou convention pour être tenue deux ans après le tems limité pour l'exercice de leur charge, dans le cas où ils verroient une nécessité indispensable de changer aucun des articles de cette Constitution qui pourroient être défectueux, d'expliquer ceux qui ne paroîtront pas clairs, & d'y ajouter ce qui pourroit être de nécessité première pour assurer les droits & le bonheur du peuple. Afin que le peuple puisse examiner & donner des instructions en conséquence à ses Députés, au moins six mois avant le tems fixé pour l'assemblée de ladite convention, on aura soin de

A

A Philadelphie, *le 28 Septembre 1776.*

IL a été ordonné par la Commiſſion extraordinaire, que la préſente Conſtitution ſeroit ſignée par le Docteur Benjamin *Franklin*, qu'elle s'étoit choiſi pour Préſident; par le ſieur Jean *Morris*, Secrétaire; & par tous les Membres actuels de la Commiſſion, préſens à cette derniere ſéance, à la fin de laquelle elle s'eſt diſſoute.

rendre publics les articles à changer & les changemens qu'il y faudra faire, ainſi que ceux que l'on croira manquer ou être ſuperflus.

Fin de la Conſtitution.

INTERROGATOIRE
DE M. PENN

A la Barre du Parlement d'Angleterre.

LA Chambre des Lords, s'assembla le 7 de Novembre 1776, pour prendre en consideration la pétition du Congrès de l'Amérique. Le Duc de Richmond proposa d'appeller M. Penn à la Barre : sa proposition fut rejettée d'abord à la pluralité de cinquante-six voix contre vingt-deux. La Chambre se ravisa ensuite, & la proposition étant adoptée, M. Penn fut interrogé le 10 du même mois. Voici un Précis des Interrogatoires & des Réponses.

Question. Combien de tems le témoin a-t-il résidé en Amérique ?

Réponse. Quatre ans, dont deux en qualité de Gouverneur de Pensylvanie.

Q. Avoit-il des liaisons dans le Congrès du Continent ?

R. Il connoissoit particuliérement tous les Membres.

Q. Dans quel degré d'estime étoit le Congrès ?

R. Dans le plus haut degré imaginable d'estime, & de vénération, de la part des citoyens de tous les ordres.

Q. Est-ce une obéissance implicite que toutes les Provinces de l'Amérique accordent aux résolutions du Congrès ?

R. Il croit qu'oui.

Q. Combien d'hommes levés dans la Province de Pensylvanie ?

R. Vingt mille hommes se sont volontairement enrôlés pour entrer dans le service de la Colonie, s'ils en étoient requis.

Q. Quelles sont les autres forces des Provinciaux de Pensylvanie ?

R. Quatre mille hommes de troupes legeres sont destinés à se porter par tout au premier ordre.

Q. La Province de Pensylvanie fournit-elle assez de bled pour nourrir ses habitans ?

R. Elle en fournit plus qu'il n'en faut ; elle pourroit même en exporter, en cas de besoin.

Q. Sait-on faire de la poudre à canon en Pensylvanie ?

R. On en fait très-bien faire, & on en fait.

Q. Peut-on faire de bon salpêtre dans cette Province ?

R. On le peut.

Q. Peut-on jeter des canons en fonte ?

R. Cet art y est porté à une grande perfection, & on y est abondamment fourni de fer néceſſaire à cet effet.

Q. Y peut-on faire de petites armes d'une certaine bonté ?

R. On en fait d'auſſi parfaites, qu'on puiſſe ſe l'imaginer.

Q. Les Amériquains ſont-ils experts dans la conſtruction des bâtimens ?

R. Autant & plus que les Européens.

Q. De combien de tonneaux ſont leurs plus grands bâtimens ?

R. D'environ trois cens tonneaux.

Q. Le témoin penſe-t-il que le ſentiment du Congrès ſoit celui de tout le Peuple de l'Amérique en général ?

R. Il l'aſſure d'après ſa conhoiſſance certaine, par rapport à la Province de Penſylvanie. Il ne l'affirme que par ouï-dire, à l'égard des autres Provinces.

Q. Penſe-t-il que les Membres du Congrès ont été choiſis librement & loyalement par le Peuple ?

R. Il n'a pas le moindre doute à ce ſujet.

Q. Sous quel point de vue a-t-on enviſagé en Amérique la pétition que le témoin a préſentée au Roi ?

R. On l'a regardée comme une branche d'olivier ; & les amis du témoin l'ont complimenté comme un messager de paix.

Q. Le témoin croit-il que les Américains prendront la résolution désespérée d'implorer un secours étranger, plutôt que de céder à des prétentions qu'ils supposeroient injustes de la part de la Grande-Bretagne ?

R. Il craindroit qu'ils ne prissent ce parti.

Q. Le témoin se rappelle-t-il quelle sensation produisit l'Acte du timbre ?

R. Il en causa une très-désagréable dans toute l'Amérique.

Q. Quelle sensation produisit la révocation de cet Acte ?

R. L'anniversaire de ce jour mémorable est célébré dans toute l'Amérique par tous les témoignages de joie publique.

Q. Le peu de cas que l'on a fait de la derniere pétition ne tendroit-il pas à faire perdre aux Américains tout espoir de négociation pacifique ?

R. C'est l'opinion du témoin.

Q. Quand le témoin a présenté sa pétition au Secrétaire d'Etat, ce dernier lui a-t-il fait quelque question relativement aux affaires de l'Amérique ?

R. Pas une seule question.

Q. Quand le témoin a fait les fonctions de Gouverneur, a-t-il connu la Charte de Pensylvanie ?

R. Il en sait tout le contenu.

Q. Ne sait-il pas qu'il y a une clause dans cette Charte, qui soumet spécialement la Colonie à être taxée par la Législation Britannique ?

R. Oui.

Q. Les habitans de Pensylvanie étoient-ils contens de leur Charte ?

R. Très-contens.

Q. Pourquoi donc n'acquiesçoient-ils pas au droit du Parlement Britannique de les taxer ?

R. Ils ont acquiescé à cette déclaration aussi long-tems qu'ils n'ont pas éprouvé le préjudice qu'elle leur portoit.

Q. Le témoin pense-t-il que le Congrès voudroit consentir à un Acte qui maintiendroit indistinctement dans tous les cas l'autorité du Parlement Britannique ?

R. Il pense qu'à l'exception de la taxe, les Amériquains ne seroient pas éloignés de reconnoître la Souveraineté de la Grande-Bretagne.

Q. A-t-il entendu dire que quelques personnes aient été persécutées, pour avoir déclaré des sentimens favorables à la suprématie du Parlement Britannique ?

R. Il a entendu parler de pareilles persécutions dans d'autres Provinces ; mais il n'a été témoin d'aucune pendant qu'il a demeuré en Pensylvanie.

Q. Dans l'opinion du témoin les Amériquains sont-ils à présent libres ?

R. Ils pensent l'être.

Q. Dans le cas où on enverroit un renfort formidable en Amérique , pour soutenir le Gouvernement , le témoin croit-il qu'il s'y trouvât plusieurs personnes qui voulussent professer publiquement la soumission à l'autorité du Parlement ?

R. Le témoin croit qu'en pareil cas le nombre en seroit trop petit pour être de quelque conséquence.

On ordonna alors à M. Penn de se retirer ; & la Chambre, après quelques débats sur les affaires de l'Amérique entre le parti Ministériel & le parti de l'Opposition, leva la séance sans prendre aucune délibération ultérieure.

FIN.

LIVRES

Qui se trouvent chez le même Libraire.

Avis au Peuple, sur les Asphyxies, ou morts apparentes & subites, contenant les moyens de les prévenir & d'y remédier, avec la nouvelle boîte fumigatoire portative, publié par ordre du Gouvernement; par J. J. *Gardane*, Docteur-Régent de la Faculté de Médecine de Paris. Le Livre & la Boîte francs de port par tout le Royaume. 12 l.

Almanach de Santé, in-12. broché. 1 l. 4 s.

—littéraire, ou Etrennes d'Apollon, pour l'année 1777, contenant le *Fontenelliana*, le *Pironiana*, le *Crébilloniana*, &c. in-12. broché. 1 l. 16 s.

Bibliographie Parisienne, ou Catalogue des Ouvrages de Sciences, de Littérature, &c. imprimés à Paris & dans le reste de la France, avec une notice des Ouvrages gravés, Estampes, Musique, &c. in-8. broché. 3 l. 12 s.

Collection du Journal Historique, dit de Verdun, depuis 1704, jusques & compris 1776, 120 volumes in-8. brochés. 480 l.

— de la Gazette de Santé, par M. *Gardane*, années 1773, 1774, 1775 & 1776, vol. in-4. franc de port par la poste. 33 l. 12 s.

Cet Ouvrage périodique est continué par une Société de Médecins de la Faculté, & coûte 9 l. 12 s. par année.

— des Mémoires de M. *de Beaumarchais*, avec son portrait, 1 vol. in-4. broché. 12 l.

Cours complet de Mathématiques, par M. l'Abbé

Sauri, ancien Professeur en l'Université de Montpellier, 5 vol. in-8. reliés.　　36 l.

Œuvres de Bernard Palissy, avec des notes, par MM. *Faujas & Gobet*, in-4. relié.　　15 l.

Contes choisis, mis en vers par un petit cousin de *Rabelais*, in-8. fig. br.　　3 l.

Choix de tableaux tirés de diverses Galeries Angloises, par M. *Berquin*. in-8. br.　　2 l. 8 f.

Coriolan, Tragédie en cinq actes, par M. *Gudin de la Brenellerie*, in-8. broché.　　1 l. 16 f.

Cri (le) de l'Agriculture, par M. B..,... Avocat, in-12. broché.　　1 l. 4 f.

Discussion sur l'Ordre profond & l'Ordre mince, ou Examen des systêmes de MM. de Mesnil-Durand & de Maizeroy, par M. *du Coudray*, Capitaine d'Artillerie, in-8. broché.　　2 l. 8 f.

Deux (les) Amis, ou le Négociant de Lyon, Drame en cinq Actes, par M. *de Beaumarchais*, in-8.　　1 l. 16 f.

Détail de la nouvelle Direction du Bureau des Nourrices de Paris, pour servir de modele à de pareils établissemens projettés dans plusieurs grandes villes, &c. Par J. J. *Gardane*, Docteur-Régent de la Faculté, in-12.　　15 f.

Élémens de Tactique pour la Cavalerie, par M. *Mottin de la Balme*, Capitaine de Cavalerie, ancien Officier major de la Gendarmerie de France, in-8. broché avec fig.　　3 l.

Essais de J. Rey, Docteur en Médecine, avec des notes, par M. *Gobet*, in-8. relié.　　4 l. 12 f.

—de la Langue Angloise, ou Méthode pratique pour apprendre facilement cette langue. Par M. *Siret*, in-8. br.　　1 l. 16 f.

Essai synthétique sur l'origine & la formation des Langues, in-8. relié. . . 5 l.

— sur l'équitation, ou Principes raisonnés sur l'art de monter & de dresser les chevaux. Par M. *Mottin de la Balme*, Capitaine de Cavalerie, Officier major de la Gendarmerie de France, in 12. relié. 3 l. 10 f.

— sur l'Opéra, traduit de l'Italien d'Algarotti, in-8. broché. 1 l. 16 f.

Entretiens d'Ariste & d'Eugene, in-12. relié. 3 l.

Etrennes de Clio & de Mnemosyne, contenant des Tablettes Elémentaires de l'Histoire universelle des Pensées ingénieuses, &c. in-12. relié. 3 l.

Extrait de différens Ouvrages publiés sur la vie des Peintres, par M. P. D. L. F. 2. vol. in-8. rel. 10 l.

Examen de la Poudre à tirer ; par M. *le Vicomte de Flevigny*, in-8. fig. br. 5 l.

Eloge de la Fontaine, qui a remporté le prix, au jugement de l'Académie de Marseille e 25 d'Août 1774. Par M. *de Champfort*, in 8. br. 1 l. 4 f.

Fourbe (le), Comédie de Congreve, traduite de l'Anglois, par M. P..... in-8. br. 1 l. 10 f.

La Fille de trente ans, Comédie en un Acte, in-8. 1 l. 4 f.

Grandeur (de la) & de la décadence des Romains, par M. *de Montesquieu*, in-12. relié. 2 l. 10 f.

Histoire de la Reine Marguerite de Valois, premiere femme du Roi Henri IV, par M. *de Mongez*, Chanoine-Régulier, in-8. br. 3 l.

— des Celtes, & particulierement des Gaulois & des Germains, par M. *Pelloutier*, revue & augmentée par M. *de Chiniac*, 2 vol. in-4. relié. 24 l.